“阅读力”丛书

THE INHERITANCE OF READING

阅读的传承

中国历代文化名人谈阅读

闫英杰 主编

THE READING OF CHINESE CULTURAL CELEBRITIES IN THE PAST DYNASTIES

西安出版社

图书在版编目（CIP）数据

阅读的传承:中国历代文化名人谈阅读 / 闫英杰主编.—西安:西安出版社,2018.12（2023.4重印）
（《阅读力》系列丛书）
ISBN 978-7-5541-3539-6

Ⅰ. ①阅… Ⅱ. ①闫… Ⅲ. ①读书活动-研究-中国 Ⅳ. ①G252.17

中国版本图书馆CIP数据核字(2018)第279154号

阅读的传承
中国历代文化名人谈阅读
YUEDU DE CHUANCHENG

主　　编：闫英杰
出版发行：西安出版社
社　　址：西安市雁塔区雁南五路1868号曲江影视大厦11层
电　　话：（029）85253740
邮政编码：710061
印　　刷：天津图文方嘉印刷有限公司
开　　本：880mm×1230mm　1/32
印　　张：8.375
字　　数：160千
版　　次：2018年12月第1版
　　　　　2023年4月第3次印刷
书　号：ISBN 978-7-5541-3539-6
定　价：30.00元

提高阅读力，助推“中国梦”

1995年，联合国教科文组织通过决议，将每年的4月23日定为“世界读书日”，旨在“希望散居在全球各地的人们……都能享受阅读的乐趣，都能尊重和感谢为人类文明做出巨大贡献的文学、文化、科学思想大师们，都能保护知识产权。”此后，世界各国响应联合国教科文组织的决议，以多种方式展开了大规模的读书活动，在世界范围内逐渐形成了蔚为壮观的读书大潮。

2016年12月27日，我国发布了《全民阅读“十三五”时期发展规划》，将全民阅读提升到国家战略的高度，它可增强国家文化软实力，促进国民素质的优化。从2014年始，李克强总理连续将全民阅读写入政府工作报告。在党的十九大报告中，“坚定文化自信，推动社会主义文化繁荣兴盛”的内容更是占了较大篇幅。阅读，比以往时候更被政府和有识之士赋予更多内涵和关注。

目前，各级政府、新闻出版管理部门和社会组织正在形成合力，推动全民阅读、营造书香社会。据第十五次全国国民阅读调查报告（2018）数据显示，中国国民的“阅读力”正在被唤醒，阅读的人群更庞大，阅读的品种更细分，阅读的时间在增加，图书的传播形式更多元。阅读，在中国，正在成为越来越多人日常生活中的必需品。

但是，我们也忧虑地看到，我国国民阅读量总体不高，与发达国家相比存在较大差距；阅读的公共资源亟需增加，特别是部分地区阅读资源严重匮乏，社会上一些特殊困难群体的基本阅读需求得不到满足；更存在阅读的无主流、快餐化、碎片化、娱乐化等不良倾向；阅读氛围依然不强，亟需进行专业性的引导和服务，等等。

与群众普及性读书活动相映生辉的是阅读理论研究的陆续开展。《阅读力》丛书基于国家号召和目前人们阅读现状而生，对阅读进行了专业有效的梳理，提供了系统专业的读书资料，是一套难得的阅读理论专门作品，内容涵盖中国古今文化名人、外国历代思想文化大师谈阅读的方法和心得，着眼于全球各国阅读现状的分析思考，探讨了为何读书、如何读书和怎样读书、读哪些书等相关专题，介绍了世界各国那些丰富多彩的阅读活动，力求进一步拓展全民阅读的深度和广度。虽然目前看来本书在很多方面尚显得单薄，但这种努力已值得鼓励。

希望本书在全民“阅读力”的提高方面有所裨益，激励更多人认识到阅读不仅是对个人素养的塑造，更关系每一代人的精神成长，关系到国家民族的发展，尤其关乎国民性的优化和养成。让阅读成为中国人的一种生活方式，更成为中华民族伟大复兴、实现中国梦的助力器。

目录

第一章　古代名人谈阅读

第二章 近现代名人谈阅读

第三章 当代名人谈阅读

第一章 古代名人谈阅读

【导语】

中国古人读书与今人是大为不同的。在等级严明的封建时代，教育是为封建社会的发展而服务的。早在春秋时期，孔子便倡导“学而优则仕”，孟子“劳心者治人”的言论也暗含着读书目的论。西汉时汉武帝独尊儒术，设立“五经博士”，对读书人敞开入仕之门。唐朝时科举取士制度被统治者们进一步非常完善，读书做官成为人们进入仕途的主要途径，这一选贤方式被此后的统治者们沿用，直至清朝灭亡时科举制度才被废除。在这种社会政治环境影响下，读书在封建社会具有很强的功利性和伦理性。“书中自有千钟粟,书中自有黄金屋,书中自有颜如玉”便是对此的写照，“万般皆下品，唯有读书高”是无数古代读书人借以标榜读书的社会属性的名言。也正因如此，古时读书人所阅读的内容多为求仕所用的古代史籍，所论及的读书方法也多为经史子集的读书法，古人在读书时非常注重勤学苦读，精思求索。本章以春秋时期为开端，选取了各朝代最具影响力的文坛名家共二十名，并分别列举了他们的读书妙论。如孔子的“学思结合”法、孟子的“专心致志”法、荀子的“学不能已”法、颜之推的“勤勉刻苦”法、张载的“学如圣人”法、苏轼的“八面受敌”法、王安石的“明道”法、朱熹的“熟读精思”法、李贽的“怡性养神”法、顾炎武的“博学于文”法、郑板桥的“唯多能运”法、曾国藩的“看读写作”法等。尽管前贤们所处的时代环境、抱有的读书目的与今日的人们大相径庭，但是他们好古敏求的读书精神以及苦读精思的读书方法会给我们的强烈震撼与深刻启迪仍不容小觑。

第一节

孔子《论语》

学而不思，则罔；思而不学，则殆。

【作者简介】

孔子（公元前551年一公元前479年），名丘，字仲尼，生于春秋时期鲁国陬邑（今山东省曲阜市）。孔子是中华文化思想的集大成者和儒家学说的创始人，其处在中国奴隶社会崩溃而逐步转化为封建社会的动荡与变革的时代。孔子有很高的政治理想追求，他想要做到“老者安之，朋友信之，少者怀之”。然而周游列国十四年，并没能实现他伟大的政治抱负。后来孔子返回鲁国，将其精力集中在教育弟子和整理古代文献的事业中。孔子在《论语》中对阅读与学习有比较深刻而经典的论述，在中国文化史上有深远的影响。

【选文呈现】

（1）子曰：“学而时习之，不亦说乎？”（为政）

（2）子曰：“吾十有五而志于学，三十而立，四十而不惑，

五十而知天命，六十而耳顺，七十而从心所欲，不逾矩。”（为政）

（3）子曰：“温故而知新，可以为师矣。”（为政）

（4）子曰：“学而不思则罔，思而不学则殆。”（为政）

（5）子曰：“三人行，必有我师焉；择其善者而从之，其不善者而改之。”（述而）

（6）子曰：“默而识之，学而不厌，诲人不倦，何有于我哉。”（述而）

（7）子曰：“不愤不启，举一隅不以三隅反，则不复也。”（述而）

（8）子曰：“吾尝终日不食，终夜不寝，以思，无益，不如学也。”（卫灵公）

（9）曾子曰：“以能问于不能，以多问于寡；有若无，实若虚，犯而不校昔者吾友尝从事于斯矣。”（泰伯）

（10）子夏曰：“博学而笃志，切问而近思，仁在其中矣。”（子张）

（选自杨伯峻：《论语译注》，中华书局2009年第3版）

【选文助读】

孔子的思想主要保留在由其弟子及再传弟子整理的语录体著作《论语》中。《论语》中保留了很多关于读书的精辟见解。孔子说自己“十五岁开始立志学习，三十岁能自立于世，四十岁遇事就不迷惑，五十岁懂得了什么是天命，六十岁能听得进不同的意见，到七十岁才能达到随心所欲，想怎么做便怎么做，也不会超出规矩”。他认为学习是一个渐进的过程，不可能一蹴而就，每天不断地学习一点就是一种快乐。他提倡学习与思考的结合，反对机械地学习而不加以思索，也反对思索了却不进一步学习的现象。学习是一件长期的事情，所以孔子认为应该“学而时习”，应该“温故知新”，他教导学生“举一反三”“闻一知十”“告诸往而知来者”。在学习的对象上，孔子认为应该“不耻下问”，甚至认为“三人行，必有我师”，应该广泛地向别人学习。孔子主张言行的一致，要“听其言而观其行”，所以要躬行实践。《论语》中包含了大量关于孔子及儒家读书与教育的思想。相传孔子有弟子三千人，其中如子夏、曾子这样优秀而贤能的就有七十二人。孔子的教育思想与读书方法在中国文化史上有深远的影响，是中国传统文化的重要内容。

第二节

孟子《公孙丑》

不专心致志，则不得也。

【作者简介】

孟子（前372年—前289年），名轲，字子舆。战国时期邹国人（今山东邹县），孔子之孙孔伋的再传弟子。孟子继承了孔子“仁”的思想，提倡仁政与王道，主张“民贵君轻”，是战国时期儒家的代表人物。孟子处于诸子并起，兼并战乱频繁的诸侯割据时代。他十分尊崇孔子，并像孔子一样周游列国，希望能够实现自己的“仁政”抱负。他先后与学生到过齐、滕、薛、宋、邹、梁等国，历时二十余年，但是诸侯们对他的“理想政治”并不重视。因不得志而晚年回邹，与弟子们讲学著述以终。在其著作《孟子》中，他以譬喻来说明读书学习之理精妙且深刻。

【选文呈现】

（1）宋人有闵其苗之不长而揠之者，芒芒然归，谓其人曰：“‘今日病矣！予助苗长矣！’其子趋而往视之，苗则槁矣。天下之不助苗长者寡矣。以为无益而舍之者，不耘苗者也；助之长者，揠苗者也，非徒无益，而又害之。”（《孟子•公孙丑上》）

（2）孟子曰：耳目之官不思，而蔽于物。物交物，则引之而已矣。心之官则思，思则得之，不思则不得也。（《孟子•告子上》）

（3）孟子曰：无或乎王之不智也。虽有天下易生之物也，一日暴之，十日寒之，未有能生者也。吾见亦罕矣，吾退而寒之者至矣，吾如有萌焉何哉？今夫弈之为数，小数也；不专心致志，则不得也。弈秋，通国之善弈者也。使弈秋诲二人弈，其一人专心致志，惟弈秋之为听；一人虽听之，一心以为有鸿鹄将至，思援弓缴而射之。虽与之俱学，弗若之矣，为是其智弗若与？曰：非然也。（《孟子•告子上》）

（4）孟子曰：有为者辟若掘井，掘井九仞而不及泉，犹为弃井也。（《孟子•尽心上》）

（5）孟子曰：博学而详说之，将以反说约也。（《孟子•离娄下》）

（选自杨伯峻：《孟子译注》，中华书局2010年第3版）

【选文助读】

《孟子》中保留了孟子的教育思想，其中关于学习读书的一系列论述尤为精到。他在《孟子》一书中主张博学善思，讲究刻苦专注，重视人主观能动性的发挥。孟子继承了孔子认为学习必须循序渐进的思想，并以揠苗助长为例，生动地说明了不顾客观实际而好高骛远不仅无益而且会害于自身的道理。孟子还以二子学奕于弈秋之例提出了学习必须专心致志才能有所得，他以掘井为喻说明即使掘井九仞，但没有得到泉水而放弃，得到的仅是一口废井。做学问必须持之以恒，专心致志才能有所成。除此之外，他还提出读书学习必须要善于思考，不思则不得。在孟子看来，广博地学习与细致地钻研也非常重要，他认为只有这样才能融会贯通，概括总结出学问的要妙之处。孟子继承并发展了孔子的思想，是仅次于孔子的一代儒家宗师，有“亚圣”之称，与孔子合称为“孔孟”，他的教育思想对后世中国文化的影响全面而巨大。

第三节
荀子《劝学》

君子之学也，入乎耳，着乎心，布乎四体，形乎动静。

【作者简介】

荀子(约公元前313年—公元前238年)，名况，字卿，战国末期赵国人。荀子学识渊博，在继承儒家思想的基础上，博采诸子之长自成体系，是继孔孟之后的儒家代表人物。荀子兼容并包的意识体现了战国百家争鸣走向交融的趋势。荀子非常尊崇孔子的思想，将其认作治世之法。他曾游学于齐，三为“祭酒”，曾至秦、赵，后入楚，春申君以为兰陵令，春申君死后，荀子归兰陵教学著述以终。《劝学》是《荀子》的开篇之作，它是《荀子》一书中最为系统全面论及学习的名篇。

【选文呈现】

君子曰：学不可以已。青，取之于蓝，而青于蓝；冰，水为之，而寒于水。木直中绳，輮以为轮，其曲中规。虽有槁暴，不复挺者，輮使之然也。故木受绳则直，金就砺则利，君子博学而日参省乎己，则知明而行无过矣。

故不登高山，不知天之高也；不临深溪，不知地之厚也；不闻先王之遗言，不知学问之大也。干、越、夷、貉之子，生而同声，长而异俗，教使之然也。诗曰："嗟尔君子，无恒安息。靖共尔位，好是正直。神之听之，介尔景福。"神莫大于化道，福莫长于无祸。

吾尝终日而思矣，不如须臾之所学也；吾尝跂而望矣，不如登高之博见也。登高而招，臂非加长也，而见者远；顺风而呼，声非加疾也，而闻者彰。假舆马者，非利足也，而致千里；假舟楫者，非能水也，而绝江河。君子生非异也，善假于物也。

南方有鸟焉，名曰蒙鸠，以羽为巢，而编之以发，系之苇苕，风至苕折，卵破子死。巢非不完也，所系者然也。西方有木焉，名曰射干，茎长四寸，生于高山之上，而临百仞之渊，木茎非能长也，所立者然也。蓬生麻中，不扶而直；白沙在涅，与之俱黑。兰槐之根是为芷，其渐之滫，君子不近，庶人不服。其质非不美也，所渐者然也。故君子居必择乡，游必就士，所以防邪辟而近中正也。

物类之起，必有所始。荣辱之来，必象其德。肉腐出虫，鱼枯生蠹。怠慢忘身，祸灾乃作。强自取柱，柔自取束。邪秽在身，怨之所构。施薪若一，火就燥也，平地若一，水就湿也。草木畴生，禽兽群焉，物各从其类也。是故质的张，而弓矢至焉；林木茂，而斧斤至焉；树成荫，而众鸟息焉。醯酸，而蚋聚焉。故言有招祸也，行有招辱也，君子慎其所立乎！

积土成山，风雨兴焉；积水成渊，蛟龙生焉；积善成德，而神明自得，圣心备焉。故不积跬步，无以至千里；不积小流，无以成江海。骐骥一跃，不能十步；驽马十驾，功在不舍。锲而舍之，朽木不折；锲而不舍，金石可镂。蚓无爪牙之利，筋骨之强，上食埃土，下饮黄泉，用心一也。蟹六跪而二螯，非蛇鳝之穴无可寄托者，用心躁也。

学恶乎始？恶乎终？曰：其数则始乎诵经，终乎读礼；其义则始乎为士，终乎为圣人，真积力久则入，学至乎没而后止也。故学数有终，若其义则不可须臾舍也。为之，人也；舍之，禽兽也。故书者，政事之纪也；诗者，中声之所止也；礼者，法之大分，类之纲纪也。故学至乎礼而止矣。夫是之谓道德之极。礼之敬文也，乐之中和也，诗书之博也，春秋之微 也，在天地之间者毕矣。君子之学也，入乎耳，着乎心，布乎四体，形乎动静。端而言，蝡而动，一可以为法则。小人之学也，入乎耳，出乎口；口耳之间，则四寸耳，曷足以美七尺之躯哉！古之学者为己，今之学者为人。君子之学也，以美其身；小人之学也，以为禽犊。故不问而告谓之傲，问一而告二谓之囋。傲、非也，囋、非也；君子如向矣。

（选自 方勇《荀子》，中华书局2015年第2版）

【选文助读】

《荀子》一书是荀况的著作集，由荀子及其弟子编著而成。荀子论述善用比喻、排比、对偶等手法，说理透彻、精辟。荀子在《劝学》中系统地论述了学习的理论和方法，在他看来“学不可以已”，学问是博大精深的，终日的思索都比不上片刻所学。只有广博地学习并且每天检验反省才能使自己智慧明达且行为没有什么过错，并以踮脚远望不如登到高处看得广阔作喻，说明学习于人的重要性。荀子认为学习还必须持之以恒、坚持不懈地不断积累才能取得成果，并以江海、驽马、蚓、蟹为例说明“锲而舍之，朽木不折；锲而不舍，金石可镂”的道理。求全求精也是读书学习需要谨记于心的，因为诵读博览能使人融会贯通，思考探索能让人通达，效仿良师益友来实践、反省能使人修身养性。荀子认为学始于诵经，终于读礼。在这一过程中，最便捷的学习方法就是亲近良师、崇尚礼仪。前者可使人通达世理，后者可使人明察善辨、修养道德。于君子而言，完善自身的修养道德才是读书学习的最终目标，君子的可贵便在于其德行的完美。荀子在《劝学》中的读书精解，精妙独到，传诵后世。作为战国后期的思想家、教育家，荀子继孔孟之后对儒家的思想进行了发展，并且在整理儒家典籍方面也作出了巨大的贡献，对后世影响深远。

第四节
司马迁《太史公自序》

万物之散聚皆在《春秋》

【作者简介】

司马迁（公元前145年—公元前90年），字子长。西汉伟大的史学家、文学家、思想家。曾接替父亲任太史令，后因替李陵败降之事辩解而受宫刑，后任中书令。虽遭遇厄运仍然发愤著书，完成了中国历史上第一部纪传体通史著作《史记》。在《史记·太史公自序》中，司马迁阐述了他创作《史记》的动机之一是为了继承孔子作《春秋》的历史使命感，他对先秦儒家典籍有较为深刻的认识。

【选文呈现】

太史公曰："先人有言：自周公卒五百岁而后有孔子。孔子卒后至今五百岁，有能绍明世，正《易传》，继《春秋》，本《诗》、《书》、《礼》、《乐》之际。意在斯乎！意在斯乎！小子何敢让焉！”

上大夫壶遂曰：“昔孔子何为而作《春秋》哉？”太史公曰：“余闻董生曰：‘周道衰废，孔子为鲁司寇，诸侯害之，大夫壅之。孔子知言之不用，道之不行也，是非二百四十二年之中，以为天下仪表，贬天子，退诸侯，讨大夫，以达王事而已矣。’子曰：‘我欲载之空言，不如见之于行事之深切著明也。’夫《春秋》，上明三王之道，下辨人事之纪，别嫌疑，明是非，定犹豫，善善恶恶，贤贤贱不肖，存亡国，继绝世，补敝起废，王道之大者也。《易》著天地、阴阳、四时、五行，故长于变；《礼》经纪人伦，故长于行；《书》记先王之事，故长于政；《诗》记山川、溪谷、禽兽、草木、牝牡、雌雄，故长于风；《乐》乐所以立，故长于和；《春秋》辨是非，故长于治人。是故《礼》以节人，《乐》以发和，《书》以道事，《诗》以达意，《易》以道化，《春秋》以道义。拨乱世反之正，莫近于《春秋》。《春秋》文成数万，其指数千。万物之散聚皆在《春秋》。《春秋》之中，弑君三十六，亡国五十二，诸侯奔走不得保其社稷者不可胜数。察其所以，皆失其本已。故《易》曰‘失之毫厘，差之千里。’故曰‘臣弑君，子弑父，非一旦一夕之故也，其渐久矣’。故有国者不可以不知《春秋》，前有谗而弗见，后有贼而不知。为人臣者不可以不知《春秋》，守经事而不知其宜，遭变事而不知其权。为人君父而不通于《春秋》之义者，必蒙首恶之名。为人臣子而不通于《春秋》之义者，必陷篡弑之诛，死罪之名。其实皆以为善为之，不知其义，被之空言而不敢辞。夫不通礼义之旨，至于君不君，臣不臣，父不父，子不子。夫君不君则犯，臣不臣则诛，父不父则无道，子不子则不孝。此四行者，天下之大过也。以天下之大过予之，则受而弗敢辞。故《春秋》者，礼义之大宗也。夫礼禁未然之前，法施已然之后；法之所为用者易见，而礼之所为禁者难知。”

（节选自【汉】司马迁：《史记》，中华书局2013年版）

【选文助读】

司马迁在本篇先说到父亲司马谈嘱咐自己，要学习孔子修正《易传》，续写《春秋》的精神，继承圣明时代的事业。然后借与壶遂的对话，司马迁解释了孔子编写《春秋》的原因。太史公说他曾听董生说过，周朝的政治衰落破败之时，孔子出任鲁国的司寇，诸侯害他，大夫们排挤他。孔子知道他的建议不会被接受了，他的政治主张再也行不通了，于是评判二百四十二年历史中的是是非非，以此作为天下人行动的准则，贬抑天子，斥退诸侯，声讨大夫，以阐明王道。《春秋》，从上而言，阐明了夏禹、商汤、周文王的政治原则；从下而言，辨明了为人处事的纲纪，分清了疑惑难明的事物，判明了是非的界限，使犹豫不决的人拿定了主意，褒善贬恶，崇敬贤能，排抑不肖，保存已经灭亡了的国家，延续已经断绝了的世系，补救政治上的弊端，兴起已经荒废的事业，这些都是王道的重要内容。《易经》显示了天地、阴阳、四时、五行的相互关系，所以长于变化；《仪礼》规定了人与人之间的关系，故长于行动；《尚书》记载了上古先王的事迹，所以长于从政；《诗经》记载了山川、溪谷、禽兽、草木、雌雄、男女，所以长于教化；《乐记》是音乐所以成立的根据，所以长于调和性情；《春秋》明辨是非，所以长于治理百姓。因此，《仪礼》是用来节制人的行为的，《乐记》是用来激发和睦的感情的，《尚书》是用来指导政事的，《诗经》是用来表达内心的情意的，《易经》是用来说明变化的，《春秋》是用来阐明正义的。把一个混乱的社会引导到正确的轨道上来，没有比《春秋》更有用了。司马迁指出了阅读这些典籍的重要性，他以《春秋》为例，他说："一国之君不可以不知道《春秋》，否则，当面有人进谗他看不见，背后有窃国之贼他也不知道。身为国家大臣的不可以不知道《春秋》，否则，处理一般的事情不知怎样做才合适，遇到出乎意料的事变不知用变通的权宜之计去对付。作为一国之君和一家之长却不懂得《春秋》中的道理，一定会蒙受罪魁祸首的恶名。作为大臣和儿子的不懂得《春秋》中的道理，一定会因为阴谋篡位和杀害君父而被诛杀，得一个死罪的名声。"因为不通礼义的宗旨，以至于做国君的不像国君，做大臣的不像大臣，做父亲的不像父亲，做儿子的不像儿子。做国君的不像国君，大臣们就会犯上作乱；做大臣的不像大臣，就会遭到杀身之祸；做父亲的不像父亲，就是没有伦理道德；做儿子的不像儿子，就是不孝敬父母。这四种行为，是天下最大的过错。而《春秋》这部书，是关于礼义的主要经典著作。靠着阅读这本书，各种不同身份的人才能谨守本分，防患于未然。

第五节
王充《论衡·别通》

人不博览者，不闻古今，不见事类，不知然否。

【作者简介】

王充（27年—约97年），字仲任，会稽上虞（今属浙江）人，东汉著名的唯物主义哲学家。祖辈从魏郡元城迁徙到会稽。王充年少时就成了孤儿，乡里人都称赞他孝顺。后来到京城太学（中央最高学府）里学习，拜班彪为师。《论衡》是王充的代表作品，也是中国历史上一部不朽的无神论著作。《别通》篇旨在教人识别“通人”，在该篇文章中，王充提出了很多中肯的读书方法，本文仅现节选其中一节。本节旨在说明“人不博览者，不闻古今、不见事类、不知然否，犹目盲、耳聋、鼻痈者也”“不览古今，论事不实”的道理。

【选文呈现】

富人之宅，以一丈之地为内。内中所有，柙匮所羸，缣布丝绵也。贫人之宅，亦以一丈为内。内中空虚，徒四壁立，故名曰贫。夫通人犹富人，不通者犹贫人也。俱以七尺为形，通人胸中怀百家之言，不通者空腹无一牒之诵，贫人之内，徒四所壁立也。慕料贫富不相如，则夫通与不通不相及也。世人慕富不荣通，羞贫不贱不贤，不推类以况之也。夫富人可慕者，货财多则饶裕，故人慕之。夫富人不如儒生，儒生不如通人。通人积文十箧以上，圣人之言，贤者之语，上自黄帝，下至秦、汉，治国肥家之术，刺世讥俗之言，备矣。使人通明博见，其为可荣，非徒缣布丝绵也。萧何入秦，收拾文书，汉所以能制九州者，文书之力也。以文书御天下，天下之富，孰与家人之财？

人目不见青黄曰盲，耳不闻宫商曰聋，鼻不知香臭曰痈。痈、聋与盲，不成人者也。人不博览者，不闻古今，不见事类，不知然否，犹目盲、耳聋、鼻痈者也。儒生不览，犹为闭暗，况庸人无篇章之业，不知是非，其为闭暗甚矣！此则土木之人，耳目俱足，无闻见也。涉浅水者见虾，其颇深者察鱼鳖，其尤甚者观蛟龙。足行迹殊，故所见之物异也。入道浅深，其犹此也。浅者则见传记谐文；深者入圣室观秘书，故入道弥深，所见弥大。人之游也，必欲入都，都多奇观也。入都必欲见市，市多异货也。百家之言，古今行事，其为奇异，非徒都邑大市也。游于都邑者心厌，观于大市者意饱，况游于道艺之际哉!

（选自 【汉】王充《论衡》，岳麓书社2015年版）

【选文助读】

王充以富人和穷人的区别为例，富人的住宅，用一平方丈的地做内室。内室中所有的箱子柜子都装满了缣布丝绵。穷人的住宅，也用一平方丈的地做内室。内室中空空只有四墙壁立在那里，所以叫做穷。而认为通人就像富人一样，不博通的人就像穷人一样。他们都七尺身体，通人胸中怀着各家学说，不博通的人腹中空空连一片木简也没有读过，就像穷人的内室，只有四面墙壁立在那里。王充认为虽然世人羡慕富人，但其实富人不如儒生，儒生不如通人。通人积累的书有十箱以上，书上圣人的话，贤人的话，上自黄帝，下至秦、汉时代，治国治家的方法，刺讥世上庸俗的言论，全都具备。假使一个人通达事理，见识广博，那么他能够引以为荣耀的，就不仅仅是缣、布、丝、绵一类的财物了。他以萧何为例说萧何进入秦都咸阳，收集了有关的公文档案和地图，后来刘邦所以能控制全国，其实是这些文书的作用。用文书能统治天下，国家的财富，与一家人的财富哪一个多呢？人不博览群书，不通古今，不能识别各种事物，不懂得是非，就像眼瞎、耳聋、鼻痈的人一样。王充说儒生不博览群书，尚且是闭塞不明，而俗人没有读过书，不知道是非，就更是闭塞不明了！王充认为根据每个人自身情况，读书有深浅的区别。浅薄的人就看些传记小说一类的东西；深厚的人就要进到圣人室内读罕见的书籍，因此掌握的先王之道更加深刻，见闻更加广博。人去游玩，肯定想去都市，因为都市有很多新奇的东西看。进都市一定想去看市场，因为市场上有很多不同的货物。各家的学说，是些古往今来的事情，它们非同一般，不只是都市大市场可比。游都市的人心里感到满足，逛大市场的人心里感到满意，何况是博览、钻研经书的时候呢！

第六节
扬雄《法言》

学行之，上也。

【作者简介】

扬雄(公元前53年—公元18年)，字子云，西汉蜀郡成都(今四川成都郫县友爱镇)人，西汉时期文学家、思想家。少时便非常好学，博览群书，长于辞赋。四十多岁时，游京都长安，被大司马王音召为门下史，推荐为待诏。后又经杨庄引荐，被喜好辞赋的成帝召入宫廷，侍从祭祀游猎，任给事黄门郎。王莽时任大夫，校书天禄阁。扬雄是汉赋“四大家”之一，也是西汉末年的儒学大师。扬雄是继司马相如之后最著名的辞赋家，他效仿司马相如，所作许多辞赋似讽而实劝。扬雄著有《甘泉》《羽猎》《逐贫赋》《解嘲》《酒箴》等赋篇。《法言》是他模仿《论语》所作，《法言》共十三篇，尊圣人，谈王道，旨在捍卫和发扬儒家学说，主张文学应当宗经、征圣，以儒家经书为典范。

【选文呈现】

学行之，上也；言之，次也；教人，又其次也；咸无焉，为众人。

或曰：“人羡久生，将以学也，可谓好学已乎？”曰：“未之好，学不羡。”

天之道不在仲尼乎？仲尼驾说者也，不在兹儒乎？

或曰：“学无益也，如质何？”曰：“未之思矣。夫有刀者礲诸，有玉者错诸，不礲不错，焉攸用？礲而错诸，质在其中矣。否则辍。”

螟蛉之子殪，而逢蜾蠃祝之曰："类我，类我。"久则肖之矣。速哉，七十子之肖仲尼也！

学以治之，思以精之，朋友以磨之，名誉以崇之，不倦以终之，可谓好学也已矣。

孔子习周公者也，颜渊习孔子者也，羿、逢蒙分其弓，良舍其策，般投其斧而习诸，孰曰非也？或曰："此名也，彼名也，处一焉而已矣。"曰："川有渎，山有岳，高而且大者，众人所能逾也？"

或问："世言铸金，金可铸与？"曰："吾闻觌君子者，问铸人，不问铸金。"或曰："人可铸与？"曰："孔子铸颜渊矣。"或人踧尔曰："旨哉！问铸金，得铸人。"

学者，所以修性也。视、听、言、貌、思，性所有也。学则正，否则邪。

师哉！师哉！桐子之命也。务学不如求师。师者，人之模范也。模不模，范不范，为不少矣。

一閧之市，不胜异意焉；一卷之书，不胜异说焉。一閧之市，必立之平；一卷之书，必立之师。

习乎习！以习非之胜是也，况习是之胜非乎？於戏！学者审其是而已矣。或曰："焉知是而习之？"曰："视日月而知众星之蔑也，仰圣人而知众说之小也。"

（选自 韩敬 译注《法言》，中华书局2012年版）

【选文助读】

在学习的过程中，能够将学到的知识运用到实践当中，不断检验知识并且加深自己的理解比只知道阅读和言说要更为有益。在扬雄看来要称得上“好学”必须达到以下标准：“学以治之，思以精之，朋友以磨之，名誉以崇之，不倦以终之”，只有将勤学、精思，与朋友互相切磋，追求高尚的学习目标，手不释卷及学以终老结合起来，才能称为“好学”。读书学习不仅能够使人博古通今，而且有助于修身养性，在视、听、言、貌、思等方面让人受益无穷。书海浩瀚，异说纷纭。不同类型的书对人的影响非常大，“一卷之书，必立之师”。在学习的过程中，学习对象的选择也是至关重要的。如同只有看到日月才能够意识到星星的渺小一样，只有精读经过时间锤炼的圣人之说才会体悟到杂说的狭隘。

第七节

颜之推《勉学》

夫所以读书学问，本欲开心明目，利于行耳。

【作者简介】

颜之推（531年—约595年），字介，琅邪临沂（今山东临沂）人。他处于南北朝分裂割据的动荡之时，先后在梁、齐、北周任职，晚年被隋文帝召为学士，后因疾而终。颜之推的传世名作《颜氏家训》，是为以儒家思想教育其子孙后代而著。《颜氏家训》一书囊括广泛，内容涉及礼俗、音辞、杂艺、风操、文学、养心、治家等诸多领域，在家庭教育发展史上产生了重要的影响。他在读书治学方面的著作以《勉学》篇最为出名。

【选文呈现】

自古明王圣帝，犹须勤学，况凡庶乎！此事遍于经史，吾亦不能郑重，聊举近世切要，以启寤汝耳。士大夫之弟，数岁已上，莫不被教，多者或至《礼》、《传》，少者不失《诗》、《论》。及至冠婚，体性梢定，因此天机，倍须训诱。有志向者，遂能磨砺，以就素业；无履立者，自兹堕慢，便为凡人。人生在世，会当有业，农民则计量耕稼，商贾别讨论货贿，工巧则致精器用，伎艺则沉思法术，武夫则惯习弓马，文士则讲议经书。多见士大夫耻涉农商，羞务工伎，射则不能穿札，笔则才记姓名，饱食醉酒，忽忽无事，以此销日，以此终年。或因家世馀绪，得一阶半级，便自为足，全忘修学，及有吉凶大事，议论得失，蒙然张口，如坐云雾，公私宴集，谈古赋诗，塞默低头，欠伸而已。有识旁观，代其入地。何惜数年勤学，长受一生愧辱哉！

……

人见邻里亲戚有佳快者，使子弟慕而学之，不知使学古人，何其蔽也哉？世人但知跨马被甲，长槊强弓，便云我能为将；不知明乎天道，辩乎地利，比量逆顺，鉴达兴亡之妙也。但知承上接下，积财聚谷，使云我能为相；不知敬鬼事神，移风易俗，调节阴阳，荐举贤圣之至也。但知私财不入，公事夙办，便云我能治民；不知诚己刑物，执辔如组，反风灭火，化鸱为风之术也。但知抱令守律，早刑晚舍，便云我能平狱；不知同辕观罪，分剑追财，假言而好露，不问而情得之察也。表及农商工贾，厮役奴隶，钓鱼屠肉，饭牛牧羊，皆有先达，可为师表，博学求之，无不利於事也。

夫所以读书学问，本欲开心明目，利於行耳。未知养亲者，欲其观古人之先意承颜，怡声下气，不惮劬劳，以致甘腝，惕然惭惧，起而行之也。未知事君者，欲其观古人之守职无侵，见危授命，不忘诚谏，以利社稷，恻然自念，思欲效之也。素骄奢者，欲其观古人之恭俭节用，卑以自牧，礼为教本，敬老身基，瞿然自失，敛容抑志也。素鄙吝者，欲其观古人之贵义轻财，少私寡欲，忌盈恶满，周穷恤匮，赧然悔耻，积而能散也。素暴悍者，欲其观古人之小黜己，齿弊舌存，含垢藏疾，尊贤容众，苶然沮丧，若不胜衣也。素怯懦者，欲其观古人之达生委命，强毅正直，立言必信，求福不回，勃然奋厉，不可恐慑也。历兹以往，百行皆然，纵不能淳，去泰去甚…，学之所知，施无不达。世人读书者，但能言之，不能行之，忠孝无闻，仁义不足，加以断一条讼，不必得其理，宰千户县，不必理其民，问其造屋，不必知楣横而悦竖也，问其为田，不必知稷早而黍迟也，吟啸谈谑，讽咏辞赋，事既优闲，材增迂诞，军国经纶，略无施用，故为武人俗吏所共嗤诋，良由是乎？

人生小幼，精神专利，长成已后，思虑散逸，固须早教，勿失机也。吾七岁时，诵《灵光殿赋》，至於今日，十年一理，犹不遗忘。二十以外，所诵经书，一月废置，便至荒芜矣。然人有坎禀，失于盛年，犹当晚学，不可自弃。孔子 曰："五十以学《易》，可以无大过矣。"魏武、袁遗，老而弥笃；此皆少学而至老不倦也。曾子十七乃学，名闻天下；荀卿五十始来游学，犹为硕儒；公孙弘四十余方读《春秋》，以此遂登丞相；朱云亦四十始学《易》、《论语》，皇甫谧二十始受《孝经》、《论语》，皆终成大儒：此并早迷而晚寤也。世人婚冠未学，便称迟暮，因循面墙，亦为愚耳。幼而学者，如日出之光；老而学者，如秉独夜行，犹贤乎瞑目而无见者也。

（节选自 檀作文 译注《颜氏家训》，中华书局2016年版）

【选文助读】

《勉学》开篇便提出“自古明王圣帝，犹须勤学，况凡庶乎！”以勉励后辈勤学。在颜之推看来，任何人都要学习，学习是非常重要的。不学习将使人一生受辱，不辨是非，而学习则能使人提高道德修养，资以谋生，“若能常保数百卷书，千载终不为小人也”。颜之推还提倡早教，他认为人在幼年时，精神专注，可塑性强，对孩童尽早施教能够使其一生受益。在这一方面，他尤其注重对后代进行人伦道德教育。在学习态度上，颜之推强调做学问必须虚心务实，切忌妄自尊大，并且要谨记刻苦钻研，勤勉努力。他认为即使是天资愚钝的人，只要能够勤学也能够使学识精通。颜之推在家训中指出学习的根本目的在于对自身进行充实提高，以求能够修养道德，进而利行济世。《颜氏家训》中谈及读书治学的还有《教学》《名实》等篇，均是颜之推以其毕生治学经验凝聚出的宝贵财富。

第八节
韩愈《进学解》

业精于勤，荒于嬉；行成于思，毁于随。

【作者简介】

韩愈（768年—824年），字退之，河南河阳（今河南省孟州市）人，世称“韩昌黎”“昌黎先生”。他是唐朝古文运动的倡导者，唐宋八大家之首，在中国文学发展史上地位崇高。他历任宣武军节度使观察推官、国子监四门博士、监察御史等职，后因病卒于长安。著有《韩昌黎集》四十卷。《进学解》一文是韩愈在元和七八年间任国子博士时所作，文章叙述了他托训话以自身少年勤学之事来勉励学生在学业、德行方面取得进步。学生提出疑惑，他耐心解释，娓娓道来 ，是为“进学解”。

【选文呈现】

国子先生晨入太学，招诸生立馆下，诲之曰：“业精于勤，荒于嬉；行成于思，毁于随。方今圣贤相逢，治具毕张。拔去凶邪，登崇畯良。占小善者率以录，名一艺者无不庸。爬罗剔抉，刮垢磨光。盖有幸而获选，孰云多而不扬？诸生业患不能精，无患有司之不明；行患不能成，无患有司之不公。”

言未既，有笑于列者曰：“先生欺余哉！弟子事先生，于兹有年矣。先生口不绝吟于六艺之文，手不停披于百家之编。记事者必提其要，纂言者必钩其玄。贪多务得，细大不捐。焚膏油以继晷，恒兀兀以穷年。先生之业，可谓勤矣。觝排异端，攘斥佛老。补苴罅漏，张皇幽眇。寻坠绪之茫茫，独旁搜而远绍。障百川而东之，回狂澜于既倒。先生之于儒，可谓有劳矣。沉浸醲郁，含英咀华，作为文章，其书满家。上规姚姒，浑浑无涯；周诰、殷《盘》，佶屈聱牙；《春秋》谨严，《左氏》浮夸；《易》奇而法，《诗》正而葩；下逮《庄》、《骚》，太史所录；子云，相如，同工异曲。先生之于文，可谓闳其中而肆其外矣。少始知学，勇于敢为；长通于方，左右具宜。先生之于为人，可谓成矣。然而公不见信于人，私不见助于友。跋前踬后，动辄得咎。暂为御史，遂窜南夷。三年博士，冗不见治。命与仇谋，取败几时。冬暖而儿号寒，年丰而妻啼饥。头童齿豁，竟死何裨。不知虑此，而反教人为！”

先生曰：“吁，子来前！夫大木为宗，细木为桷，欂栌、侏儒，椳、闑、扂、楔，各得其宜，施以成室者，匠氏之工也。玉札、丹砂，赤箭、青芝，牛溲、马勃，败鼓之皮，俱收并蓄，待用无遗者，医师之良也。登明选公，杂进巧拙，纡馀为妍，卓荦为杰，校短量长，惟器是适者，宰相之方也。昔者孟轲好辩，孔道以明，辙环天下，卒老于行。荀卿守正，大论是弘，逃谗于楚，废死兰陵。是二儒者，吐辞为经，举足为法，绝类离伦，优入圣域，其遇于世何如也？今先生学虽勤而不繇其统，言虽多而不要其中，文虽奇而不济于用，行虽修而不显于众。犹且月费俸钱，岁靡廪粟；子不知耕，妇不知织；乘马从徒，安坐而食。踵常途之役役，窥陈编以盗窃。然而圣主不加诛，宰臣不见斥，兹非其幸欤？动而得谤，名亦随之。投闲置散，乃分之宜。若夫商财贿之有亡，计班资之崇庳，忘己量之所称，指前人之瑕疵，是所谓诘匠氏之不以杙为楹，而訾医师以昌阳引年，欲进其豨苓也。”

（选自 马其昶注释 《韩昌黎文集校注》，
上海古籍出版社2014年第2版）

【选文助读】

韩愈在《进学解》开篇便诲生曰“业精于勤，荒于嬉；行成于思，毁于随”，言明学习的规律。勤奋让学业精进，嬉戏使学业荒疏。善思能促进德行之成，败坏由于因循随便。之后以学生之口言韩愈作为一名学者，为学勤勉，六经诸子之文无不熟读精研，叙事之文提要钩玄，夜以继日，孜孜不倦，其实这也正是韩愈自己要讲明的学习方法，即广阅、勤思、苦究。除在《进学解》中强调“勤”“思”“博”之于学的重要，韩愈在其诗中也反复论及这三点的必要性。“诗书勤乃有，不勤腹空虚”“读书患不多，思义患不明”。在韩愈看来，读书的关键就在于勤，在勤的基础上还要博览群书，使自己充实。对于书中的义理也要精研深究，务必使自己明晰，这样方能读好书。韩愈《进学解》关于学与教的论述，至今仍有很强的现实意义。

第九节

柳宗元《读书》

书史足自悦，安用勤与劬。

【作者简介】

柳宗元（773年—819年），字子厚，唐代河东（今山西运城）人。柳宗元处于唐朝藩镇割据，盛世不再的年代。他年少得志，二十岁便中了进士，历任校书郎、蓝田尉、监察御史里行等职，后因进行“永贞革新”失败受到牵连，被贬到湖南永州任司马。被贬之后，他将主要的精力用在了著书立说上，有《永州八记》等六百多篇文章，经后人辑为三十卷，名为《柳河东集》。《读书》是柳宗元所作的一首五言古诗，写于元和四年（809），这是他被贬永州后的作品。

【选文呈现】

幽沉谢世事，俯默窥唐虞。上下观古今，起伏千万途。

遇欣或自笑，感戚亦以吁。缥帙各舒散，前后互相逾。

瘴痾扰灵府，日与往昔殊。临文乍了了，彻卷兀若无。

竟夕谁与言，但与竹素俱。倦极便倒卧，熟寐乃一苏。

欠伸展肢体，吟咏心自愉。得意适其适，非愿为世儒。

道尽即闭口，萧散捐囚拘。巧者为我拙，智者为我愚。

书史足自悦，安用勤与劬。贵尔六尺躯，勿为名所驱。

（选自 【唐】柳宗元 《柳河东集》，上海古籍出版社2008年版）

【选文助读】

柳宗元在《读书》一诗中记叙了自己被贬谪幽居可以不问世事，闲暇的时光使他能够与书相伴，从而获得了诸多趣味。在读书的过程中从上下千年细察古今世事，感慨其间的沧海桑田之变使他遇到欣喜的事便暗自窃笑，感到悲哀时只好无奈吁叹，心情自然而轻快。临文展书又能使他暂时忘却扰乱心境的瘴气与不快，读完一卷感觉与百事无缘。此外，书籍还是他无人与言时了却寂寞的良伴。读书疲倦了便倒头而睡，睡够了又渐渐恢复精神，舒展肢体，十分欢愉地吟咏诗文。读书能给他带来如此欢畅的感觉则是因为与书中之意契合，并不是想成为世间的大儒。柳宗元认为不因世俗之利而对书孜孜苦读才能让人真正感受到读书的自由与欢乐，这是使阅读变得欣悦的要妙之法。

第十节
张载《经学理窟》

学必如圣人

【作者简介】

张载（1020年—1077年），字子厚，大梁（今河南开封）人。宋代理学主要奠基人，关学学派的创始人，唯物主义哲学家、思想家和教育家。三十八岁时，至汴京（今开封）举进士，历任祁州司法参军、丹州云岩令、著作佐郎、渭州军事判官等职。五十一岁时，辞官归乡，创横岠书院，潜心著书。先后著有《正蒙》《横渠易说》《东铭》《西铭》《经学理窟》《横渠中庸解》《礼乐说》《论语说》《祭礼》《孟子说》等作品。《经学理窟》是张载的重要的理学教育著作，这部著作分“周礼”“诗书”“宗法”“礼乐”“气质”“义理”“学大原上”“学大原下”等十三篇，其教育的终极目的在于学如“圣人”。

【选文呈现】

（1）人之好强者，以其所知少也，所知多则不自强满。“学然后知不有若无，实若虚”，此颜子之所以进也。

（2）今人为学如登山麓，方其迤逦之时，莫不阔步大走，及到峭峻之处便止，须是要刚决果敢以进。

（3）学之不勤者，正犹七年之病不蓄三年之艾。今之于学，加工数年，自是享之无穷。

人多是耻于问人，假使今日问于人，明日胜于人，有何不可！如是则孔子问于老聃、苌弘、郯子、宾牟贾，有甚不得！聚天下众人之善者是圣人也，岂有得其一端而便胜于圣人也！

（4）学者不论天资美恶，亦不专在勤苦，但观其趣向着心处如何。学者以尧舜之事须刻日月要得之，犹恐不至，有何鬼而不为！此始学之良术也。

（5）义理有疑，则濯去旧见以来新意。心中苟有所开，即便记，不思则还塞之矣。更须得朋友之助，日间朋友论着，则一日间意思差别，须日日如此讲论，久则自觉进也。

（6）学行之乃见，至其疑处，始是实疑，于是有学在。可疑而不疑者不曾学，学则须疑。譬之行道者，将之南山，须问道路之自出，若安坐则何尝有疑。

（7）学者大不宜志小气轻。志小则易足，易足则无由进；气轻则虚而为盈，约而为泰，亡而为有，以未知为已知，未学为已学。

034 人之有耻于就问，便谓我好胜于人，只是病在不知求是为心，故学者当无我。

（选自 【宋】张载 《张载集》，中华书局1978年版）

【选文助读】

“学然后知不足，教然后知困。知不足，然后能自反也；知困，然后能自强也。”张载倡导“学必如圣人”，他同样认为人只有博学多闻才能够知道自己的不足之处，知道自己的不足之处方能不自满，愿意接受进一步的学习，不断完善自己的知识体系。在张载看来，学习要注重志向，学习的志向宜大不宜小，志向太小容易让人满足，不利于进步。选择自己有兴趣的方向作为学习的目标也是至关重要的。他认为天资美恶与专在勤苦均不如趣向所在。学思结合与不耻下问也是治学的关键。读书学习中有费解的地方，一定要如同孔子问于老聃、苌弘、郯子、宾牟贾一样向他人请教，与朋友切磋，有疑方有进，今日问于人方能明日胜于人。

第十一节
苏轼《又答王庠书》

书富如入海，但得其所欲求者尔。

【作者简介】

苏轼(1037年—1101年)，字子瞻，又字和仲，号东坡居士，北宋眉州眉山(今属四川省眉山市)人。苏轼于嘉祐二年进士及第，历任杭州通判、密州知州、徐州知州、湖州知州、礼部郎中等职，一生多次起落，饱览世态炎凉。晚年被流放至海南儋州，他安心办学，惠及乡里。苏轼是宋代文学最高成就的代表，与父亲苏洵，弟弟苏辙同为“唐宋八大家”之列，有《东坡七集》《东坡易传》《东坡乐府》等著作传世。《又答王庠书》是苏轼回给女婿王庠的家书。王庠向苏轼请教应举经验和治学方法，苏轼在信中予以解答。

【选文呈现】

别纸累幅过当，老病废忘，岂堪英俊如此责望邪。少年应科目时，记录名数沿革及题目等，大略与近岁应举者同尔。亦有少节目文字，才尘忝后，便被举主取去，今皆无有，然亦无用也。实无捷径必得之术。但如君高才强力，积学数年，自有可得之道，而其实皆命也。但卑意欲少年为学者，每一书皆作数过尽之。书富如入海，百货皆有，人之精力，不能兼收尽取，但得其所欲求者尔。故愿学者每次作一意求之。如欲求古今兴亡治乱、圣贤作用、但作此意求之，勿生余念。又别作一次，求事迹故实典章文物之类，亦如之。他皆仿此。此虽迂钝，而他日学成，八面受敌，与涉猎者不可同日而语也。甚非速化之术。可笑可笑。

（选自 【宋】苏轼 《苏东坡全集》，北京燕山出版社2009年版）

【选文助读】

苏轼在信中回复王庠说想要考取功名是没有捷径的，并传授给王庠自己多年积累的读书治学之法。苏轼认为书中的内容丰富的如同海洋一样，百宝皆有。面对如此浩瀚的知识之海，一定要多次探寻珍宝。即读书时一定要数遍览阅，以求能够完全掌握其中要义。然而人的精力又是十分有限的，不能同时将书海中的珍宝取尽，因此，苏轼希望求学的人在读书之时每次先确定一个问题去进行钻研。倘若想要研究古今兴亡治乱、圣贤作用，就有目的地来钻研这一个问题，不要生出别的念头。之后，再用同样的方法去对事迹、史实、典章、文物制度进行考究。钻研其他问题也仿照这样的方式。虽然方法看起来迂笨，但一旦学成，那些泛览群书不作深入钻研的人便不能与你同日而语了。即使你在治学时遇到各种难题，也都能够应付自如。苏轼在文中提出的细读精研之法适用于经典典籍以及需要研究的重点、难点突出必须精读的书的阅读。苏轼能够在诗词、散文、书画等方面均取得较高的成就与其博览及专注于学问是分不开的。

第十二节
欧阳修《读书》

乃知读书勤，其乐固无限。

【作者简介】

欧阳修（1007年—1072年），字永叔，号醉翁、六一居士，吉州永丰（今江西省吉安市永丰县）人。欧阳修是北宋负有盛名的政治家与文学家，他历任翰林学士、枢密副使、参知政事、刑部尚书、兵部尚书等职，且在经史、诗、词、散文方面均有较高成就。他曾大力倡导诗文革新运动，在改革唐末到宋初的形式主义文风和诗风方面取得显著成绩。欧阳修作为“唐宋八大家”之一，一生著述恢弘，成绩斐然。《读书》是欧阳修所撰写的一首长篇诗歌，在诗中欧阳修结合自己的读书经历谈论了关于读书的体会。

【选文呈现】

吾生本寒儒，老尚把书卷。眼力虽已疲，心意殊未倦。正经首唐虞，伪说起秦汉。篇章异句读，解诂及笺传。是非自相攻，去取在勇断。初如两军交，乘胜方酣战。当其旗鼓催，不觉人马汗。至哉天下乐，终日在几案。念昔始从师，力学希仕宦。岂敢取声名，惟期脱贫贱。忘食日已晡，燃薪夜侵旦。谓言得志後，便可焚笔砚。少偿辛苦时，惟事寝与饭。岁月不我留，一生今过半。中间尝忝窃，内外职文翰。官荣日清近，廪给亦丰羡。人情慎所习，酖毒比安宴。渐追时俗流，稍稍学营办。杯盘穷水陵，宾客罗俊彦。自从中年来，人事攻百箭。非惟职有忧，亦自老可叹。形骸苦衰病，心志亦退懦。前时可喜事，闭眼不欲见。惟寻旧读书，简编多朽断。古人重温故，官事幸有间。乃知读书勤，其乐固无限。少而干禄利，老用忘忧患。又知物贵久，至宝见百链。纷华暂时好，俯仰浮云散。淡泊味愈长，始终殊不变。何时乞残骸，万一免罪谴。买书载舟归，筑室颍水岸。平生颇论述，铨次加点窜。庶几垂后世，不默死刍豢。信哉蠹书鱼，韩子语非讪。

（选自 【宋】欧阳修 《欧阳修全集》，中华书局2001年版）

【选文助读】

欧阳修在《读书》一诗中感慨天下最大的乐事莫过于终日伏身几案快意畅读。他回顾自己年少刚开始跟随老师学习时，勤学苦读希望有朝一日能够走上仕途。不敢妄求获得声名，只是祈愿能够脱离贫贱的生活。那时他午后两三点还想不起该吃午饭了，通宵达旦地燃薪览书，每天做的事唯有读书与吃饭。后来终于取得功名，官爵荣誉日益清贵，俸禄也丰足有余。但身体衰老，疾病袭来，从前喜欢的事物，现在均闭眼不欲见。此时只有读书能够使他的心灵得到慰藉。年轻时勤奋苦读使他获取了功名利禄，年老时他用读书来忘记忧患，充实生命。读书为欧阳修的生活增添了弥足珍贵的趣味，他描述自己的一生就如同蠹书虫一般生死均在文字间。在欧阳修看来读书在人的一生中起到的作用不可小觑。

第十三节

王安石《答曾子固书》

故能有所去取者，所以明吾道而已。

【作者简介】

王安石（1021年—1086年），字介甫，号半山，临川（今江西抚州市临川区）人。王安石出身于官僚世家，少年时便博览群书，二十二岁时进士及第。历任舒州通判、常州知州、参知政事、宰相等职，推行“新法”，政绩显著。王安石不仅是北宋声名显赫的政治家，他在诗、文、词等方面也有杰出的成就。王安石与韩愈、柳宗元、苏轼、苏洵、苏辙、欧阳修、曾巩被世人称为“唐宋散文八大家”，有《王临川集》《临川集拾遗》等传世。《答曾子固书》是王安石写给曾巩的书信，信中谈了自己关于读书的体会。

【选文呈现】

某启：久以疾病不为问，岂胜向往。前书疑子固于读经有所不暇，故语及之。连得书，疑某所谓经者，佛经也，而教之以佛经之乱俗！某但言读经，则何以别于中国圣人之经？子固读吾书每如此，亦某所以疑子固于读经有所不暇也。

然世之不见全经久矣，读经而已，则不足以知经。故某自百家诸子之书，至《难经》《素问》《本草》诸小说，无所不读；农夫女工，无所不问；然后于经为能知其大体而无疑。盖后世学者，与先王之时异也。不如是，不足以尽圣人故也，扬雄虽为不好非圣人之书，然而墨、晏、邹、庄、申、韩，亦何所不读？彼致其知而后读，以有所去取，故异学不能乱也。惟其不能乱，故能有所去取者，所以明吾道而已。子固视吾所知，为尚可以异学乱之者乎？非知我也。

方今乱俗不在于佛，乃在于学士大夫沉没利欲，以言相尚，不知自治而已。子固以为如何？苦寒，比日侍奉万福，自爱。

（选自 【宋】王安石 《王临川集》，商务印书馆1929年版）

【选文助读】

王安石在经学方面非常有研究，被称为“通儒”。他也有一些论禅说佛理的诗篇，瘦削雅素。这封信是王安石对于曾子固将自己所说经书误认为是佛经的解释与阐发。王安石认为倘若要读经书的话，不能只读经，因为年代的久远，世之不见全经久矣，且后世的学者们所处的时代及环境也不同于上古先王时期。如果单读经书，就无法完全透彻地弄懂经书，全面地掌握圣人的学说。他坦言自己在读经时不仅读诸子百家之书，甚至于《难经》《素问》《本草》各类小说也无所不读，对农耕、女工等技术也没有不请教的。这样做的原因是只有如此方能对经书中谈及的诸事大体没有疑问。他又举西汉时期扬雄博览百家进行取舍而不被邪说乱心的例子来说明自己也是“明道”之人。王安石所谈及的博览百家、深究各业的开阔的读书之法不仅使他自己成为一个学问渊博的“明道”之人，他的变法革新能够取得很好的实际效果也与之紧密相连。

第十四节

陆游《冬夜读书示子聿》

纸上得来终觉浅，绝知此事要躬行。

【作者简介】

陆游（1125年—1210年），字务观，号放翁，越州山阴（今绍兴）人。他出身于藏书世家，其祖父陆佃师从王安石，在经学研究上有很高的造诣，官至尚书右丞。陆游生逢北宋灭亡之时，自幼饱尝战乱之苦。高宗时应试名列第一，却因议论抗金得罪秦侩被除名。孝宗即位后，赐其进士出身，历任枢密院编修官、隆兴府通判、蜀州通判、礼部郎中等职，多次因忠谏犯上被罢免，几经沉浮，晚年因忧愤成疾而与世长辞。《冬夜读书示子聿》是他为幼子子聿所作，共八首，体现了陆游的教育思想理念。

【选文呈现】

宦途至老无余俸，贫悴还如筮仕初。

赖有一筹胜富贵，小儿读遍旧藏书。

易经独不遭秦火，字字皆如见圣人。

汝始弱龄吾已耄，要当致力各终身。

古人学问无遗力，少壮工夫老始成。

纸上得来终觉浅，绝知此事要躬行。

简断编残字欲无，吾儿不负乃翁书。

绝胜锁向朱门里，整整牙签饱蠹鱼。

圣师虽远有遗经，万世犹传旧典刑。

白首自怜心未死，夜窗风雪一灯青。

残雪初消荠满园，糁羹珍美胜羔豚。

吾曹舌本能知此，古学工夫始可言。

读书万卷不谋食，脱粟在傍书在前。

要识从来会心处，曲肱饮水亦欣然。

世间万事有乘除，自笑羸然七十余。

布被藜羹缘未尽，闭门更读数年书。

（选自 【宋】陆游 《陆游全集》，中国文史出版社1991年版）

【选文助读】

陆游自言其做官至老却没有多余的俸禄，贫困潦倒还是像当初做官前的样子。在他看来，有一宗事比富贵更值得倚仗，那就是小儿读遍了旧时藏书。即使他的藏书已经“简断编残字欲无”，但是儿子没有辜负父亲的书让他感到十分欣慰。陆游告诫儿子以后一定要终身致力于学问研究。他认为古人做学问是不遗余力的。往往是年轻时开始努力，到了老年才取得成功，积累与十年如一日的坚持是做好学问的唯一途径。但是从书本上得到的知识终归是浅薄的，要想真正透彻地理解书中的深刻道理，还必须亲身去躬行实践。除了提倡坚持与躬行两种读书要法之外，陆游认为正确认识读书的价值也是非常重要的。读书万卷不是为了填肚子，纵然只吃糙米仍然要读书。要明白等到领悟的境界，弯着胳膊作枕头、喝清水也依然快乐。陆游一生都保持着这种安贫乐道的精神，即使在艰苦的环境下亦笔耕不辍，他与王安石、苏轼、黄庭坚并称为“宋代四大诗人”，存世之诗达九千多首。

第十五节
朱子《读书格言》

若读得熟，而又思得精，自然心与理一，永远不忘。

【作者简介】

朱熹(1130年—1200年)，字元晦，又字仲晦，号晦庵，晚称晦翁，谥文，世称朱文公。南宋著名的理学家、思想家、哲学家、教育家、诗人，是宋代儒学的集大成者，世尊称为朱子。曾任江西南康、福建漳州知府、浙东巡抚。其著述甚多，有《四书章句集注》《太极图说解》《通书解说》《周易读本》《楚辞集注》《诗经集注》，其中《四书章句集注》成为后世钦定的教科书和科举考试的标准。《朱子语类》中记录了朱熹关于治学、读书的独到领悟，本篇即节选其中关于读书的三段。

【选文呈现】

学者贪做工夫，便看得义理不精。读书须是仔细，逐句逐字要见着落。若用工粗卤，不务精思，只道无可疑处。非无可疑，理会未到，不知有疑尔。大抵为学老少不同：年少精力有余，须用无书不读，无不究竟其义。若年齿向晚，却须择要用功，读一书，便觉后来难得工夫再去理会；须沉潜玩索，究极至处，可也。盖天下义理只有一个是与非而已。是便是是，非便是非。既有着落，虽不再读，自然道理浃洽，省记不忘。譬如饮食，从容咀嚼，其味必长；大嚼大咽，终不知味也。

书只贵读，读多自然晓。今即思量得，写在纸上底，也不济事，终非我有，只贵乎读。这个不知如何，自然心与气合，舒畅发越，自是记得牢。纵饶熟看过，心里思量过，也不如读。读来读去，少间晓不得底，自然晓得；已晓得者，越有滋味。若是读不熟，都没这般滋味。而今未说读得注，且只熟读正经，行住坐卧，心常在此，自然晓得。尝思之，读便是学。夫子说「学而不思则罔，思而不学则殆」，学便是读。读了又思，思了又读，自然有意。若读而不思，又不知其意味；思而不读，纵使晓得，终是臲卼不安。一似倩得人来守屋相似，不是自家人，终不属自家使唤。若读得熟，而又思得精，自然心与理一，永远不忘。某旧苦记文字不得，后来只是读。今之记得者，皆读之功也。老苏只取孟子论语韩子与诸圣人之书，安坐而读之者七八年，后来做出许多文字如此好。他资质固不可及，然亦须着如此读。只是他读时，便只要模写他言语，做文章。若移此心与这样资质去讲究义理。那里得来！是知书只贵熟读，别无方法。

读书之法：读一遍了，又思量一遍；思量一遍，又读一遍。读诵者，所以助其思量，常教此心在上面流转。若只是口里读，心里不思量，看如何也记不仔细。又云："今缘文字印本多，人不着心读。汉时诸儒以经相授者，只是暗诵，所以记得牢，故其所引书句，多有错字。如孟子所引诗书亦多错，以其无本，但记得耳。"

（选自 朱杰人《朱子全书外编》，华东师范大学出版社2010年版）

【选文助读】

朱熹读书法的要略便是熟读精思。在朱熹看来，读书倘若不仔细地落实每一句的意思，用工粗卤，不去静思，便不能够领悟书中的义理，即使读了也不知书味。书贵在读，只有读诵多遍才能记在心里。在熟看的基础上还必须要作细致的思考。“学而不思则罔，思而不学则殆”。学便是读，读了又思，思了又读，才能获得书中之意。读而不思就不知书中意味，思而不读便会心中不安。朱熹认为读书之法就是读一遍思量一遍，思量一遍再读一遍。反复琢磨，才能获得书中义理，从而心与理一，永远不忘。“书不记，熟读可记。义不精，细思可精。惟有志不立，直是无著力处”，立志则是朱熹认为熟读静思的必要条件。志是为学的目的，读书前必须有自己的目的和志向，不立志，无以学。

第十六节
袁桷“读书五失”

夫为学之道，用志不能不一，用力不能不专。

【作者简介】

袁桷（1266年—1327年），字伯长，号清容居士。元代著名学者，诗人。层任集直学士，翰林直学士，侍讲学士等职，著有《琴述》《清容居士集》等。袁桷在本篇中谈论到自己读书的五个误区，可视为十分有益的读书建议。

【选文呈现】

余少读书，有五失焉：雅观而无择，滥阅而少思，其失也，博而寡要；考古人之言行，意常退缩而不敢望，其失也，懦而无立；纂抄史籍之故实，一未终而屡更端，其失也，劳而无成；闻人之长，惟恐不及，将疾趋从之，而辄出其后，其失也，欲速而过高；好学为文，未能畜其本，经术隐奥，茫乎其无所适从，泛然而无所关决，是又失之甚者也。

夫为学之道，用志不能不一，用力不能不专，农夫莽而广种，不如狭垦之为实也。工人泛而杂学，不如一艺之为精也。

（选自 【元】袁桷 《清容居士集》，浙江古籍出版社2015年版）

【选文助读】

袁桷谈到自己少年时候读书有过五个误区，一是泛览群书而没有选择，这样读书多但是并不得要领，主张择精研读，循序渐进。二是读书一味迷信古人的言行，退缩不前，这样难以立业成事，主张读书要敢于创新，敢于提出新见解并且超越古人。 三是编写历史，心猿意马没能专心致志坚持下去，既花费了时间精力又没能获得成果，主张坚定目标，坚持不懈，善始善终。四是看到别人的长处就像赶紧追赶上，最终欲速不达。这是因为并没有认识到自己的实际情况，盲目地模仿别人的长处，所以读书要认清自己，循序渐进。五是虽然喜欢写文章，但没能在基础上下功夫。袁桷认为这一点是最大的失误。袁桷强调读书务必要做到志向坚定、一心一意，就像农民种地一样，粗放式的广撒种子而不用心耕作，还不如选一块小地深耕细则效果好。

第十七节
李贽《读书乐》（并引）

束书不观，吾何以欢？怡性养神，正在此间。

【作者简介】

李贽（1527年—1602年），号卓吾，明末杰出思想家、文学家，泉州晋江（今福建）人。嘉靖三十年中举，历任河南共城教谕、南京国子监博士、南京刑部员外郎、姚安知府等职。于万历九年弃官在黄安天台书院讲学论道，后子身居麻城龙潭湖芝佛院，读书著述近二十年。他倡导绝假还真的“童心说”，抨击程朱理学，

 被权贵攻讦，以“敢倡乱道，惑世诬民”的罪名逮捕，著作造焚。著有《焚书》《续焚书》《藏书》《续藏书》等。《读书乐》一诗记述了读书带给他的无穷欢乐。

【选文呈现】

曹公云：“老而能学，唯吾与袁伯业。”夫以四分五裂，横戈支戟，犹能手不释卷，况清远闲旷哉一老子耶！虽然，此亦难强。余盖有天幸焉。天幸生我目，虽古稀犹能视细书；天幸生我手，虽古稀犹能书细字。然此未为幸也。天幸生我性，平生不喜见俗人，故自壮至老，无有亲宾往来之扰，得以一意读书。天幸生我情，平生不爱近家人，故终老龙湖，幸免俯仰逼迫之苦，而又得以一意读书。然此亦未为幸也。天幸生我心眼，开卷便见人，便见其人终始之概。夫读书论世，古多有之，或见皮面，或见体肤，或见血脉，或见筋骨，然至骨极矣。纵自谓能洞五脏，其实尚未刺骨也。此余之自谓得天幸者之一也。天幸生我大胆，凡昔人之所忻艳以为贤者，余多以为假，多以为迂腐不才而不切于用；其所鄙者、弃者、唾且骂者，余皆的以为可托国托家托身也。其是非大戾昔人如此，非大胆而何？此又余之自谓得天之幸者二也。有此二幸，是以老而乐学，故作《读书乐》以自乐焉。

天生龙湖，以待卓吾；天生卓吾，乃在龙湖。

龙湖卓吾，其乐何如？四时读书，不知其馀。

读书伊何？会我者多。一与心会，自笑自歌；

歌吟不已，继以呼呵。恸哭呼呵，涕泗滂沱。

歌匪无因，书中有人；我观其人，实获我心。

哭匪无因，空潭无人；未见其人，实劳我心。

弃置莫读，束之高屋，怡性养神，辍歌送哭。

何必读书，然后为乐？乍闻此言，若悯不穀。

束书不观，吾何以欢？怡性养神，正在此间。

世界何窄，方册何宽！千圣万贤，与公何冤！

有身无家，有首无发，死者是身，朽者为骨。

此独不朽，愿与偕殁，倚笑丛中，声震林鹘。

歌哭相从，其乐无穷，寸阴可惜，曷敢从容！

（选自 【明】李贽 《焚书》《续焚书》，中华书局2011年版）

【选文助读】

李贽认为自己能够快意畅读是因为上天赐给他两件幸事，其一是赐给他不爱近俗世俗人的性情，因而能够一意读书。其二是赐给他心眼，使他在读书的过程中能够透彻地认清世事，拥有同别人不一样的识见。正因为有这两方面的幸运，他才能至老仍乐于手不释卷。李贽自述他最大的乐趣便是四季读书，无心于除此之外的任何事。读书可以令他与书中人心领神会，与自己内心相会，喜怒哀乐随性而发，读书使他怡性养神。世界是狭窄的，而书籍内的世界是无穷大的。书与身骨不同，书是不朽的，对读书的痴迷使他愿意与书偕殁。歌唱与恸哭相伴正是读书带来的无穷欢乐，可供读书的时间那么的珍贵，怎敢浪费呢？汪本钶在《续焚书》序言中评价李贽说：“钶从先生游九年，所朝夕左右未尝须臾离也……先生一生无书不读，无有怀而不吐。其无不读也，若饥渴之于饮食，不至于饫足不已；其无不吐也，若茹物噎不下，不尽至于呕出亦不已。以故一点擀自足天下万世之是非，而一欬唾实关天下万世之名教，不但如嬉笑怒骂尽成文章已也。”

第十八节
顾炎武《与友人论学书》

好古敏求，博学于文。

【作者简介】

顾炎武（1613年—1682年），本名绛，字忠清，学者尊为亭林先生，南直隶苏州府昆山人。顾炎武出身于书香门第，青年时便致力为经世致用之学，27岁时参加秋试不中后，摈弃八股入仕之途。清兵入关后，曾参加义军，奔走于诸多抗清力量之间。抗清失败，六谒孝陵后漫游南北，著述终老。顾炎武学识渊博，在经史、音韵、考古、地理方面均有建树，被称为“清朝开国儒师”。著有《日知录》《肇域志》《音学五书》《亭林诗文集》等。《与友人论学书》是顾炎武关于学须经世致用的体悟。

【选文呈现】

比往来南北，颇承友朋推一日之长，问道于盲。窃叹夫百余年以来之为学者，往往言心言性，而茫乎不得其解也。命与仁，夫子之所罕言也；性与天道，子贡之所未得闻也。性命之理，著之《易传》，未尝数以语人。其答问士也，则曰：“行己有耻。”其为学，则曰：“好古敏求；”其与门弟子言，举尧舜相传所谓危微精一之说一切不道，而但曰：“允执其中，四海困穷，天禄永终。”呜呼！圣人之所以为学者，何其平易而可循也！故曰：“下学而上达。”颜子之几乎圣也，犹曰：“博我以文。”其告哀公也，明善之功，先之以博学。自曾子而下，笃实无若子夏，而其言仁也，则曰：“博学而笃志，切问而近思。”今之君子则不然，聚宾客门人之学者数十百人，“譬诸草木，区以别矣”，而一皆与之言心言性，舍多学而识，以求一贯之方，置四海之困穷不言，而终日讲危微精一之说，是其道之高于夫子，而其门弟子之贤于子贡，祧东鲁而直接二帝之心传者也。我弗敢知也。

孟子一书，言心言性，亦谆谆矣，乃至万章、公孙丑、陈代、陈臻。周霄、彭更之所问，与孟子之所答者，常在乎出处、去就、辞受、取与之间。以伊尹之元圣，尧舜其君其民之盛德大功，而其本乃在乎千驷一介之不视不取。伯夷、伊尹之不同于孔子也，而其同者，则以“行一不义，杀一不辜，而得天下不为”。是故性也，命也，天也，夫子之所罕言，而今之君子之所恒言也;出处、去就、辞受、取与之辨，孔子、孟子之所恒言，而今之君子所罕言也。谓忠与清之未至于仁，而不知不忠与清而可以言仁者，未之有也;谓不忮不求之不足以尽道，而不知终身于忮且求而可以言道者，未之有也。我弗敢知也。

愚所谓圣人之道者如之何？曰：“博学于文，”曰：“行己有耻。”自一身以至于天下国家，皆学之事也;自子臣弟友以出入、往来、辞受、取与之间，皆有耻之事也。耻之于人大矣！不耻恶衣恶食，而耻匹夫匹妇之不被其泽，故曰：“万物皆备于我矣，反身而诚。”

呜呼！士而不先言耻，则为无本之人；非好古而多闻，则为空虚之学。以无本之人，而讲空虚之学，吾见其日从事于圣人而去之弥远也。虽然，非愚之所敢言也，且以区区之见，私诸同志，而求起予。

（选自【明】顾炎武《顾炎武全集》，上海古籍出版社2011年版）

【选文助读】

顾炎武在文中引到孔子谈自己治学的经验：“好古敏求”。孔子与他门下的弟子谈话，所有那些所谓相传尧舜的“危微精一”的说法，全都不提，而只是说“不偏不倚地执政，如果四海穷困，上天给你的福佑永远完结了”。顾炎武不禁感叹认为圣人要我们学习的东西是平易而可以遵循的。“下学而上达”的意思是说“从浅近的地方学起而达到高深的水平”。顾炎武说颜渊是几乎达到了圣人标准的人，可他还是不满足。孔子告诉鲁哀公说，明晓善恶的能力，首先的条件是博学。从曾子往下数，弟子们论学问深厚扎实没有比得上子夏的，可是子夏谈到“仁”时候，却还是解释道：“要广博地学习，有坚定的志向，提出的问题是恳切的，思考的问题是切近的。”顾炎武作为经世致用之学的倡导者，他力倡“文须有益于天下”。在他看来“今之君子”虽然口不离孔孟，却与圣人背道而驰，往往言心言性却不得其解。顾炎武认为为学必须首先做到“好古敏求”，即喜好诗书礼乐，在心之所向的基础上去勤奋学习。且“人之为学，不日进则日退”，有计划地勤奋读书是非常有必要的。在他看来，圣人用来作学问的方法是平易且可遵循的，“博学而笃志，切问而近思。”既要有笃定的心志和渊博的学识，又要能够切实的发问，接近实际的思考。他提倡“博学多文”的实学，反对宋明理学空谈明心见性的禅学本质。

第十九节
郑板桥《潍县署中寄舍弟墨第一书》

唯精乃能运多，徒多徒烂耳。

【作者简介】

郑燮(1693年—1765年)，字克柔，号板桥，江苏兴化人，清朝书法家、文学家。十九岁时中秀才，后应科举为康熙秀才，雍正十年举人，乾隆元年进士。曾任山东范县知县、潍县知县，清廉刚正。因救灾得罪权贵，被参后辞官返乡。他在诗、书、画方面均成就突出，著有《板桥全集》。《潍县署中寄舍弟墨第一书》是郑板桥写给弟弟郑墨的家书，在信中，他批判了以过目成诵为能的读书法，告诫弟弟读书要有选择性地精读深思。

【选文呈现】

读书以过目成诵为能，最是不济事。眼中了了，心下匆匆，方寸无多，往来应接不暇，如看场中美色，一眼即过，与我何与也。千古过目成诵，孰有如孔子者乎？读《易》至韦编三绝，不知翻阅过几千百遍来，微言精义，愈探愈出，愈研愈入，愈往而不知其所穷。虽生知安行之圣，不废困勉下学之功也。东坡读书不用两遍，然其在翰林读《阿房宫赋》至四鼓，老吏史苦之，坡洒然不倦。岂以一过即记，遂了其事乎！惟虞世南、张睢阳、张方平，平生书不再读，迄无佳文。

且过辄成诵，又有无所不诵之陋。即如《史记》百三十篇中，以《项羽本纪》为最，而《项羽本纪》中，又以钜鹿之战、鸿门之宴、垓下之会为最。反覆诵观，可欣可泣，在此数段耳。若一部《史记》，篇篇都读，字字都记，岂非没分晓的钝汉！更有小说家言，各种传奇恶曲，及打油诗词，亦复寓目不忘，如破烂厨柜，臭油坏酱悉贮其中，其齷齪亦耐不得。

（选自 【清】郑燮 《郑板桥集》，广陵书社2011年版）

【选文助读】

郑板桥认为世人多以为读书一遍便能诵背是一件能事，其实不然。匆匆翻阅一遍，不费心神地读书就如同看场中美色，一眼过后，心中并未留下痕迹。从古至今过目能诵的人，没有及得上孔子的，而孔子在读《易》时还曾磨断了编联竹简的皮绳好多次，可见圣人读书也是非常注意精读的。书中的微言精义，随着读与钻研的不断深入会越来越明了，其要妙是无穷无尽的。郑板桥还列举苏东坡读《阿房宫赋》至四鼓及虞世南、张睢阳、张方平，平生书不再读迄无佳文的例子来说明读书多遍的好处和重要性。在他看来，譬如《史记》百三十篇中，以《项羽本纪》为最。而《项羽本纪》中又以钜鹿之战、鸿门之宴、垓下之会的描写最为精妙，这些出色的文本是值得反复诵观的。但是读书需读多遍并不是对任何书都适用的，若一部《史记》，篇篇都读，字字都记，便是没分晓的愚钝之人了。假使再寓目不忘一些小说家言、传奇恶曲、打油诗词等就更如将臭油坏酱存贮在破烂厨柜中一般了，那种龌龊是人无法忍受的。郑板桥倡导的有选择性的精读深思之法于读书是非常重要的，“唯精乃能运多，徒多徒烂耳”（《板桥自序》）。

第二十节
曾国藩《咸丰八年六月廿二日与纪泽书》

读书之法，看、读、写、作四者，每日不可缺一。

【作者简介】

曾国藩（1811年—1872年），初名子城，字涤生，湖南湘乡人。中国近代著名的政治家、战略家、理学家、文学家。道光十八年进士，选翰林院庶吉士、授编修。道光二十三年升翰林院侍讲，并担任四川乡试正考官。道光二十七年授内阁学士兼礼部侍郎衔，道光二十九年任礼部右侍郎。咸丰二年以在籍侍郎身份帮办湖南团练，从此创办湘军。同治三年六月湘军攻克太平天国首都天京，以功加太子太保，封一等毅勇侯。同时也是洋务运动的主将，为推动同治、光绪年间一度出现的“中兴”景象起了很大作用，后官至两江总督、直隶总督、武英殿大学士，谥曰文正。与胡林翼并称“曾胡”，与李鸿章、左宗棠、张之洞并称“晚清四大名臣”。

【选文呈现】

读书之法，看、读、写、作四者，每日不可缺一：看者，如尔去年看《史记》《汉书》《韩文》《近思录》，今年看《周易折中》之类是也：读者，如《四书》《诗》《书》《易经》《左传》诸经、《昭明文选》、李杜韩苏之诗、韩欧曾王之文，非高声朗诵则不能得其雄伟之概，非密咏恬吟则不能探其深远之韵。譬之富家居积，看书则在外贸易，获利三倍者也；读书则在家慎守，不轻花费者也。譬之兵家战争，看书则攻城略地，开拓土宇者也；读书则深沟坚垒，得地能守者也。看书与子夏之“日知所亡”相近，读书与“无忘所能”相近，二者不可偏废。

至于写字，真行篆隶，尔颇好之，切不可间断一日。既要求好，又要求快。余生平因作字迟钝，吃亏不少：尔须力求敏捷，每日能作楷书一万，则几矣：至于作诸文，亦宜在二三十岁立定规模，过三十后则长进极难。作四书文，作试帖诗，作律赋，作古今体诗，作古文，作骈体文，数者不可不一一讲求，一一试为之；少年不可怕丑，须有狂者进取之趣，过时不试为之，则后此弥不肯为矣。

至于作人之道，圣贤千言万语，大抵不外敬恕二字。“仲弓问仁”一章，言敬恕最为亲切。自此以外，如“立则见参于前也，在舆则见其倚于衡也”，“君子无众寡，无小大，无敢慢”，斯为泰而不骄；正其衣冠，俨然人望而畏，斯为威而不猛：是皆言敬之最好下手者。孔言欲立立人，欲达达人；孟言行有不得，反求诸己；以仁存心，以礼存心；有终身之忧，无一朝之患：是皆言恕之最好下手者。尔心境明白，于恕字或易着功，敬字则宜勉强行之。此立德之基，不可不谨。

（选自 檀作文《曾国藩家书》，中华书局2016年版）

【选文助读】

曾国藩在这份家书中从读书、写字、写文章、做人四个方面为曾纪泽做了具体的指导。曾国藩认为读书的方法，看、读、写、作四个方面，每天不能缺少一个。“看”，就像去年看《史记》《汉书》《韩文》《近思录》，今年看《周易折中》之类。“读”，就像《四书》《诗》《书》《易经》《左传》这些经书、《昭明文选》、李白、杜甫、韩愈、苏轼的诗歌，韩愈、欧阳修、曾巩、王安石的文章，这些诗歌文章不高声朗诵就不能体会到它们雄伟的气概，不恬静地吟咏就体会不到它们深远的情韵。比如富裕的家里的积累财富，看书就像是在外行商做贸易，能获得多倍的利润；都市就像在家中谨慎地守财，不轻易花费。比如兵家的战争，看书就像攻城略地，开疆拓土论读书就像是挖深沟壑坚固堡垒，能守卫好获得的土地。看书跟子夏的“日知所亡”相近，读书和“无忘所能”相近，两者不能偏废。曾国藩认为习字切不可间断一天。既要求写好，又要求写快。他认为自己生平因为写字迟钝，吃了不少亏。所以要求曾纪泽写字需要力求敏捷，他认为每日能写楷书一万字，那么就差不多了。曾国藩认为写文章适合在二三十岁的时候立写规矩，过了三十就很难长进了。写四书文、写试帖诗、写古今体诗、写古文、写骈体文，这些都必须一一学习，一一尝试着去写；少年不怕出丑，须要有志向高远进取的乐趣，等到不试着写过了年龄，那么此后更加不能写了。至于作人的方法，曾国藩总结认为古来圣贤有千言万语，大概都不外乎“敬恕”二字，“仲弓问仁”一章，说敬恕最是亲切。除此之外，像“立则见参于前也，在舆则见其倚于衡也”，“君子无众寡，无小大，无敢慢”，这才是“泰而不骄”；“正其衣冠，俨然人望而畏”，这才是“威而不猛”：这些都是说“敬”最好下手去学习。孔子说“欲立立人，欲达达人”，孟子说“行有不得，反求诸己”“以仁存心，以礼存心”“有终身之忧，无一朝之患”。这些都是说“恕”最容易下手去学的。你心境明白，对于“恕”字或许容易有效果，“敬”字则适合尽力践行。这是立德的根本，不可不谨慎。

第二章

近现代名人谈阅读

【导语】

近现代以来，中国封建制度解体，社会环境及社会阶级等都发生了极大的变化。在西方民主、自由思想浪潮的涌入，教育的普及化以及印刷技术的进步和出版业的繁荣等因素的强烈作用下，中国社会的读书群体日益多元化且不断扩大。新体诗与白话文小说等文体的兴起和西方文学作品的传播也使得可供人们阅读的内容变得更加丰富多彩。此期，除传统的读经史重研究求入仕读书方式之外，以作家为代表的注重读书时获得乐趣、陶冶情操、丰富思想的读书观念与方法开始兴起。本章选录的近现代学术界及文坛的十八位大家关于读书、做学问的妙谈之文大致可以分为上述两种类型。传统的经史子集阅读法在此时已经成为做学问时所用的关键方法，如蔡元培的“专心、动笔”法、梁启超的“深入探究”法、顾颉刚的“细读精思”法、冯友兰的“解言明理”法、朱光潜的“博学精专”法、王力的“由博返约”法等。以作家为代表的注重阅读兴味的读书方式与传统读书方式在读书目的及读书范围、读书方式上均有着较大的差异，显现出更多的旨趣性。与如鲁迅的“泛览”法、周作人的“博览广见”法、毛子水的“以书畜德”论、老舍的“率性享受”论、梁实秋的“修养身心”论、杨绛“隐身读书”法等，多论及如何在读书中获得趣味、涤荡心志、修身明德。以国学为研究对象的学术大家们因其重研究的工作属性无法避免对传统读书法的承继，作家们也因其创作多需要博闻强识、丰富个体的情感体验、重视深化自身的思想性等特质而需要在博览中获得创作材料与灵感、启迪，二者以不同的读书目的为出发点在阅读方式选择中产生的差异是读者在学习前贤们阅读经验时需要注重的关键。

第一节
蔡元培《我的读书经验》

第一能专心，第二能动笔。

【作者简介】

蔡元培（1868年—1940年），字鹤卿，生于浙江绍兴。16岁考中秀才，22岁考中举人，25岁在殿试中被取为进士，任翰林院编修。1898年离京，弃官从教。创办中国教育会并任会长一职。1904年，他与章炳麟、徐锡麟等人在上海组建了“光复会”。1905年他加入“同盟会”，任上海分会负责人。1912年1月4日，任南京临时政府教育总长。1916年，担任北大校长一职。对推动中国的教育事业的发展作出了巨大的贡献，著有《中国伦理学史》《蔡元培教育论集》等书。《我的读书经验》是蔡元培先生就自己读书不得法的概略谈的两点短处，希望能作为读者读书时的前车之鉴。

【选文呈现】

我自十余岁起，就开始读书，读到现在，将满六十年了，中间除大病或其他特别原因外，几乎没有一日不读点书的，然而我也没有什么成就，这是读书不得法的缘故。我把不得法的概略写出来，可以为前车之鉴。

我的不得法，第一是不能专心。我初读书的时候，读的都是旧书，不外乎考据词章两类。我的嗜好，在考据方面，是偏于诂训及哲理的，对于典章名物，是不大耐烦的；在词章上，是偏于散文的，对于骈文及诗词，是不大热心的。然而以一物不知为耻，种种都读，并且算学书也读，医学书也读，都没有读通。所以我曾经想编一部说文声系义证，又想编一本公羊春秋大义，都没有成书，所为文辞，不但骈文诗词，没有一首可存的，就是散文也太平凡了。到了四十岁以后我始学德文，后来又学法文，我都没有好好儿做那记生字练文法的苦工，而就是生吞活剥看书，所以至今不能写一篇合格的文章，做一回短期的演说。在德国进大学听讲以后，哲学史、文学史、文明史、心理学、美学、美术史、民族学统统去听，那时候这几类的参考书，也就乱读起来了。后来虽勉自收缩，以美学与美术史为主，辅以民族学，然而他类的书终不能割爱，所以想译一本美学，想编一部比较的民族学，也都没有成书。

我的不得法，第二是不能动笔。我的读书，本来抱一种利己主义，就是书里面的短处，我不大去搜寻它，我正注意于我所认为有用的或可爱的材料。这本来不算坏，但是我的坏处，就是我虽读的时候注意于这几点，但往往为速读起见，无暇把这几点摘抄下来，或在书上做一点特别的记号，若是有时候想起来，除了德文书检目特详，尚易检寻外，其他的书，几乎不容易寻到了。我国现虽有人编“索引”、“引得”等等，专门的词典，也逐渐增加，寻检自然较易，但各人有各自的注意点，普通的检目，断不能如自己记别的方便。我尝见胡适之先生有一个时期，出门时常常携一两本线装书，在舟车上或其他忙里偷闲时翻阅，见到有用的材料，就折角或以铅笔做记号。我想他回家后或者尚有摘抄的手续。我记得有一部笔记，说王渔洋读书时，遇到新隽的典故或词句，就用纸条抄出，贴在书斋壁上，时时览读，熟了就揭去，换上新得的，所以他记得很多。这虽是文学上的把戏，但科学上何尝不可以仿作呢？我因从来懒得动笔，所以没有成就。

我的读书的短处，我已经经验了许多的不方便，特地写出来，望读者鉴于我的短处，第一能专心，第二能动笔，这一定有许多成效。

（蔡元培著，《蔡元培谈教育》，辽宁人民出版社2015年1月）

【选文助读】

蔡元培在本文中就自己的读书不得法谈到了两点体悟。一是做学问需专心有恒。蔡元培曾任清末翰林院编修，精通国学。又曾多次留学德、法，听讲哲学史、文学史、文明史、心理学、美学、美术史、民族学等课程，视野开阔，学识渊博。即使如此，他仍对自己读书的成果不满意，他认为自己种种书都读，但却都没有读通。至今都没能写一篇合格的文章，也没能将自己想要的书写成。因而告诫后辈，读书必须博览之后做到精专。他的第二点体悟是读书还需勤动笔。他说自己在读书时为速读起见，未将自己认为有用的材料摘抄下来，仅仅做出记号，导致后来不易检寻。并且举王渔洋摘抄、览读而学问日长的例子来说明自己的短处给自己带来的不便，告诫读者读书时要勤动笔。蔡元培先生一生勤于读书，治学有成，善于总结得失，是我国近代史上著名的教育家、思想家。毛泽东赞誉他为“学界泰斗，人世楷模”。

第二节
梁启超《学问之趣味》

学问之趣味：第一，无所为；第二，不息；第三，深入的研究；第四，找朋友。

【作者简介】

梁启超（1873年—1929年），字卓如，号任公，又号饮冰室主人。自幼聪慧，勤学苦读，11岁考中秀才，16岁又中举，22岁时与康有为一起发动“公车上书”。1898年时参加了“戊戌变法”运动，变法失败后，他逃亡日本，在日先后创办《清议报》和《新民丛报》。1913年，任司法总长一职，反对袁世凯称帝。1916年，任段祺瑞北洋政府财政总长兼盐务总署督办，3个月后，段祺瑞内阁垮台，梁启超也辞职，随后退出了政坛，潜心研究学问，在学术研究上取得了巨大的成就。一生著述宏富，留有《饮冰室合集》《中国历史研究法》《中国近三百年学术史》《李鸿章传》《曾国藩传》《王安石传》《唐代集会总集与诗人群研究》等著，被称为清朝最优秀的学者。《学问之趣味》是梁启超关于如何在做学问中找到巨大乐趣方法的心得。

【选文呈现】

学问的趣味，是怎么一回事呢？这句话我不能回答。凡趣味总要自己领略，自己未曾领略得到时，旁人没有法子告诉你。佛典说的：“如人饮水，冷暖自知。”你问我这水怎样的冷，我便把所有形容词说尽，也形容不出给你听，除非你亲自喝一口。我这题目——学问之趣味，并不是要说学问如何如何的有趣味，只是要说如何如何便会尝得着学问的趣味。

诸君要尝学问的趣味吗？据我所经历过的有下列几条路应走：

第一，“无所为”（为读去声）：趣味主义最重要的条件是

“无所为而为”。凡有所为而为的事，都是以别一件事为目的而以这一件事为手段。为达目的起见勉强用手段，目的达到时，手段便抛却。例如学生为毕业证书而做学问，著作家为版权而做学问，这种做法，便是以学问为手段，便是有所为。有所为虽然有时也可以为引起趣味的一种方法，但到趣味真发生时，必定要和“所为者”脱离关系。你问我“为什么做学问”，我便答道“不为什么”。再问，我便答道“为学问而学问”；或者答道“为我的趣味”。诸君切勿以为我这些话故弄玄虚；人类合理的生活本来如此。小孩子为什么游戏？为游戏而游戏；人为什么生活？为生活而生活。为游戏而游戏，游戏便有趣；为体操分数而游戏，游戏便无趣。

第二，不息：“鸦片烟怎样会上瘾？”“天天吃。”“上瘾”这两个字，和“天天”这两个字是离不开的。凡人类的本能，只要那部分阁久了不用，他便会麻木会生锈。十年不跑路，两条腿一定会废了；每天跑一点钟，跑上几个月，一天不跑时，腿便发痒。人类为理性的动物，“学问欲”原是固有本能之一种，只怕你出了学校便和学问告辞，把所有经管学问的器官一齐打落冷宫，把学问的胃弄坏了，便山珍海味摆在面前也不愿意动筷子。诸君啊！诸君倘若现在从事教育事业或将来想从事教育事业，自然没有问题，很多机会来培养你学问胃口。若是做别的职业呢，我劝你每日除本业正当劳作之外，最少总要腾出一点钟，研究你所嗜好的学问。一点钟那里不消耗了，千万别要错过，闹成“学问胃弱”的征候，白白自

 己剥夺了一种人类应享之特权啊！

第三，深入的研究：趣味总是慢慢的来，越引越多；像倒吃甘蔗，越往下才越得好处。假如你虽然每天定有一点钟做学问，但不过拿来消遣消遣，不带有研究精神，趣味便引不起来。或者今天研究这样明天研究那样，趣味还是引不起来。趣味总是藏在深处，你想得着，便要进去。这个门穿一穿，那个窗户张一张，再不会看见“宗庙之美，百官之富”，如何能有趣味?我方才说“研究你所嗜好的学问”，嗜好两个字很要紧。一个人受过相当的教育之后，无论如何，总有一两门学问和自己脾胃相合，而已经懂得大概可以作加工研究之预备的。请你就选定一门作为终身正业（指从事学者生活的人说），或作为本业劳作以外的副业（指从事其他职业的人说）。不怕范围窄，越窄越便于聚精神；不怕问题难，越难越便于鼓勇气。你只要肯一层一层的往里面追，我保你一定被他引到“欲罢不能”的地步。

第四，找朋友：趣味比方电，越摩擦越出。前两段所说，是靠我本身和学问本身相摩擦，但仍恐怕我本身有时会停摆，发电力便弱了。所以常常要仰赖别人帮助。一个人总要有几位共事的朋友，同时还要有几位共学的朋友。共事的朋友，用来扶持我的职业；共学的朋友和共顽的朋友同一性质，都是用来摩擦我的趣味。这类朋友，能够和我同嗜好一种学问的自然最好，我便和他研究。即或不然——他有他的嗜好，我有我的嗜好，只要彼此都有研究精神，我和他常常在一块或常常通信，便不知不觉把彼此趣味都摩擦出来了。得着一两位这种朋友，便算人生大幸福之一。我想只要你肯找，断不会找不出来。

我说的这四件事，虽然像是老生常谈，但恐怕大多数人都不曾会这样做。唉！世上人多么可怜啊！有这种不假外求不会蚀本不会出毛病的趣味世界，竟没有几个人肯来享受！古书说的故事“野人献曝”；我是尝冬天晒太阳的滋味尝得舒服透了，不忍一人独享，特地恭恭敬敬的来告诉诸君。诸君或者会欣然采纳吧？但我还有一句话：太阳虽好，总要诸君亲自去晒，旁人却替你晒不来。

（梁启超著《为学与做人》，东方出版社2015年7月）

【选文助读】

梁启超倡导在做学问时秉持“趣味主义”。在他看来学问的本质能够以趣味始以趣味终，最合于他的趣味主义条件，所以提倡学问。他认为要想尝到学问的趣味必须经过以下几步：第一是为趣味而做学问，而不是以学问为手段。梁启超认为只有将做学问认作人生的乐趣，才能心无旁骛的醉心其中。第二是持之以恒，日日不息。每日除本业正当劳作之外，最少总要腾出一点钟，研究你所嗜好的学问。这样方能使习惯被培养出来，让自己对学问“上瘾”。第三要循序渐进，做学问要层层深入才能趣味盎然。第四要良友作伴。所谓“独学而无友，则孤陋难成”，共学的朋友就如同共玩的伙伴，相互关于学问的交流可以摩擦彼此对学问的兴趣，促使进步。在梁启超先生看来，学问的趣味主义是与读书的趣味相系的。“必须养成读书习惯，才能尝到读书趣味”，如此一来，读书时结交书友，相互交流切磋也不失为先生要传授的重要秘诀了。

第三节
鲁迅《随便翻翻》

泛览增识见。

【作者简介】

鲁迅（1881年—1936年），原名周樟寿，后改名周树人。字豫山，后改豫才，浙江绍兴会稽县人。1898年，17岁的周树人进入金陵的新式学堂江南水师学堂。1899年转入江南陆师学堂附设矿路学堂。1902年，赴日留学。1909年，28岁从日本回到中国任教。1912年，受蔡元培之邀，到中华民国政府教育部，1918年，周树人首次用“鲁迅”作为笔名，在《新青年》上发表短篇白话文小说《狂人日记》。继而创作了大量散文、小说、杂文。鲁迅的代表作有《呐喊》《彷徨》《故事新编》《朝花夕拾》《野草》《坟》等。被毛泽东誉为“中国文化革命的主将”“伟大的文学家”“伟大的思想家和伟大的革命家”。《随便翻翻》是鲁迅谈他读书时喜欢泛览的文章。

【选文呈现】

我想讲一点我的当作消闲的读书——随便翻翻。但如果弄得不好，会受害也说不定的。

我最初去读书的地方是私塾，第一本读的是《鉴略》，桌上除了这一本书和习字的描红格，对字（这是做诗的准备）的课本之外，不许有别的书。但后来竟也慢慢的认识字了，一认识字，对于书就发生了兴趣，家里原有两三箱破烂书，于是翻来翻去，大目的是找图画看，后来也看看文字。这样就成了习惯，书在手头，不管它是什么，总要拿来翻一下，或者看一遍序目，或者读几页内容，到得现在，还是如此，不用心，不费力，往往在作文或看非看不可的书籍之后，觉得疲劳的时候，也拿这玩意来作消遣了，而且它也的确能够恢复疲劳。

倘要骗人，这方法很可以冒充博雅。现在有一些老实人，和我闲谈之后，常说我书是看得很多的，略谈一下，我也的确好像书看得很多，殊不知就为了常常随手翻翻的缘故，却并没有本本细看。还有一种很容易到手的秘本，是《四库书目提要》，倘还怕繁，那么，《简明目录》也可以，这可要细看，它能做成你好像看过许多书。不过我也曾用过正经工夫，如什么“国学”之类，请过先生指教，留心过学者所开的参考书目。结果都不满意。有些书目开得太多，要十来年才能看完，我还疑心他自己就没有看；只开几部的较好，可是这须看这位开书目的先生了，如果他是一位胡涂虫，那么，开出来的几部一定也是极顶胡涂书，不看还好，一看就胡涂。

我并不是说，天下没有指导后学看书的先生，有是有的，不过很难得。这里只说我消闲的看书——有些正经人是反对的，以为这么一来，就“杂”！“杂”，现在又算是很坏的形容词。但我以为也有好处。譬如我们看一家的陈年账簿，每天写着“豆付三文，青菜十文，鱼五十文，酱油一文”，就知先前这几个钱就可买一天的小菜，吃够一家；看一本旧历本，写着“不宜出行，不宜沐浴，不宜上梁”，就知道先前是有这么多的禁忌。看见了宋人笔记里的“食菜事魔”，明人笔记里的“十彪五虎”，就知道“哦呵，原来‘古已有之’。”但看完一部书，都是些那时的名人轶事，某将军每餐要吃三十八碗饭，某先生体重一百七十五斤半；或是奇闻怪事，某村雷劈蜈蚣精，某妇产生人面蛇，毫无益处的也有。这时可得自己有主意了，知道这是帮闲文士所做的书。凡帮闲，他能令人消闲消得最坏，他用的是最坏的方法。倘不小心，被他诱过去，那就坠入陷阱，后来满脑子是某将军的饭量，某先生的体重，蜈蚣精和人面蛇了。

讲扶乩的书，讲婊子的书，倘有机会遇见，不要皱起眉头，显示憎厌之状，也可以翻一翻；明知道和自己意见相反的书，已经过时的书，也用一样的办法。例如杨光先的《不得已》是清初的著作，但看起来，他的思想是活着的，现在意见和他相近的人们正多得很。这也有一点危险，也就是怕被它诱过去。治法是多翻，翻来翻去，一多翻，就有比较，比较是医治受骗的好方子。乡下人常常误认一种硫化铜为金矿，空口是和他说不明白的，或者他还会赶紧藏起来，疑心你要白骗他的宝贝。但如果遇到一点真的金矿，只要用手掂一掂轻重，他就死心塌地：明白了。

“随便翻翻”是用各种别的矿石来比的方法，很费事，没有用真的金矿来比的明白，简单。我看现在青年的常在问人该读什么书，就是要看一看真金，免得受硫化铜的欺骗。而且一识得真金，一面也就真的识得了硫化铜，一举两得了。

（鲁迅著，《鲁迅全集》第6卷，人民文学出版社1973年12月）

【选文助读】

鲁迅先生从小养成的读书习惯就是“随便翻翻”。“书在手头，不管它是什么，总要拿来翻一下，或者看一遍序目，或者读几页内容。”在作文或看非看不可的书籍觉得疲劳的时候，这样来作以消遣。鲁迅的阅读范围非常的广阔，从丛书、小说、史书、画谱、诗话到旧历本、陈年账簿等，无一不在他的囊括之中。他在《读书杂谈》中也曾倡导“随便翻翻”这样的泛览方式。“爱读书的青年，大可以看看本分以外的书，即课外的书，不要只将课内的书抱住……即使和本业毫不相干的，也要泛览”。泛览能够开阔眼界，增长知识。在“随便翻翻”当中了解到更多的知识，丰富见闻，不仅能让读书充满乐趣，而且在泛览时，翻来翻去，一多翻，便能够心中有比较，比较是医治受骗的好方子。在比较中辨别是非真伪，是非常有助于读书和研究的。

第四节
周作人《读书的经验》（节选）

杂览增见闻，勤读积学问。

【作者简介】

周作人（1885年—1967年），原名櫆寿（后改为奎绶），字星杓，又名启明、启孟、起孟，笔名遐寿、仲密、岂明，号知堂、药堂、独应等。是鲁迅（周树人）之弟，周建人之兄，浙江绍兴人。中国现代著名散文家、文学理论家、评论家、诗人、翻译家、思想家，中国民俗学开拓人，新文化运动的杰出代表。1901年，周作人和哥哥鲁迅一同留学日本，1911年回国。历任国立北京大学教授、东方文学系主任，燕京大学新文学系主任、北平世界语学会会长等职。著有《欧洲文学史》《中国新文学的源流》《艺术与生活》《知堂文集》等作品。《读书的经验》是周作人结合自己经历关于读书的体悟。

【选文呈现】

买到一册新刻的《汴宋竹枝词》，李于潢著，卷头有蒋湘南的一篇李李村墓志铭，写得诙诡而又朴实，读了很是喜欢，查《七经楼文抄》里却是没有。我看着这篇文章，想起自己读书的经验，深感到这件事之不容易，摸着门固难，而指点向人亦几乎无用。在书房里我念过《四书》《五经》《唐诗三百首》与《古文析义》，只算是学了识字，后来看书乃是从闲书学来，《西游记》与《水游传》，《聊斋志异》与《阅微草堂笔记》，可以说是两大类。至于文章的好坏，思想的是非，知道一点别择，那还在其后，也不知道怎样的能够得门径，恐怕其实有些是偶然碰着的吧。即如蒋子潇，我在看见《游艺录》以前，简直不知道有这么一个人，父师的教训向来只说周程张朱。便是我爱杂览，不但道咸后的文章，即使今人著作里，也不曾告诉我蒋子潇的名字，我之因《游艺录》而爱好他，再去找《七经楼文》与《春晖阁诗》来读，想起来真是偶然。

可是不料偶然又偶然，我在中国文人中又找出俞理初，袁中郎，李卓吾来，大抵是同样的机缘，虽然今人推重李卓老者不是没有，但是我所取者却非是破坏而在其建设，其可贵处是合理有情，奇辟横肆都只是外貌而已。我从这些人里取出来的也就是这一些些。正如有取于佛菩萨与禹稷之传说，以及保守此传说精神之释子与儒家。这话有点说得远了。总之这些都是点点滴滴的集合拢来，所谓粒粒皆辛苦的，在自己看来觉得很可珍惜，同时却又深知道对于别人无甚好处，而仍不免常要饶舌，岂真敝帚自珍，殆是旧性难改乎。

……

近来因为渐已懂得文章的好坏，对于自己所写的决不敢自以为好，若是里边所说的话，那又是别一问题。我从民国六年以来写白话文，近五六年写的多是读书随笔，不怪小朋友们的厌恶，我自己也戏称曰文抄公，不过说尽是那么说，写也总是写着，觉得这里边不无有些可取的东西。对于这种文章不以为非的，想起来有两个人，其一是一位外国的朋友，其二是亡友烨斋。烨斋不是他的真名字，乃是我所戏题，可是写信时也曾用过，可以算是受过默许的，他于最后见面的一次还说及，他自己觉得这样的文很有意思，虽然青年未必能解，有如他的小世兄，便以为这些都是小品文，文抄公，总是该死的。那时我说，自己并不以为怎么了不得，但总之要想说自己所能说的话，假如关于某一事物，这些话别人来写也会说的，我便不想来写。有些话自然也是颇无味的，但是如《瓜豆集》

的头几篇，关于鬼神，家庭，妇女特别是娼妓问题，都有我自己的意见在，而这些意见有的就是上边所说的读书的结果，我相信这与别人不尽同，就是比我十年前的意见也更是正确，所以人家不理解，于别人不能有好处，虽然我十分承认，且以为当然，然而在同时也相信这仍是值得写，因为我终于只是一个读书人，读书所得就只这一点，如不写点下来，未免可惜。在这里我知道自己稍缺少谦虚，却也是无法，我不喜欢假话，自己不知道的都已除掉，略有所知的就不能不承认，如再谦让也即是说诳了。至于此外许多事情，我实在不大清楚，所以我总是竭诚谦虚的。

（周作人著，《药堂杂文》第2部分，河北教育出版社2001年1月）

【选文助读】

周作人同鲁迅一样，读书的时候非常注重在博览的过程当中不断地积淀知识。不仅要博览中国的各类好书，也要有取舍地杂览外国大家的著作，即使是粗浅地涉猎，也是颇为有益的。只要能吸收一点进来，使自己的见识增深或推广一分就是一件好事。在阅读的过程中，周作人非常注重积累，他喜欢将书中合情有理的可贵之处点点滴滴的集合拢来，粒粒皆辛苦的收存起来，不断地丰富自己的识见。识见愈广，见解才能愈精，愈能够摸索出一套洞察书中真知灼见的方法，不断增益。

第五节
毛子水《书籍与修养》

与其做一个国王而不知道爱好读书，宁愿做一个穷人居于陋室而拥有极多的书籍。

【作者简介】

毛子水(1893年-1988年)，名準，字子水，以字行。1913年毛子水21岁时 考入北京大学理学预科。1919年五四运动爆发前，毛子水发起创办《新潮》，并发表了《国故和科学的精神》论著，成为当时思想启蒙新文化运动的先驱之一。1920年，毛子水毕业留校，担任北京大学史学系讲师。1922年，赴德国留学。1930年春，毛子水回国，任教于北京大学史学系，后任北京大学图书馆馆长。1949年从教于台湾。历任台湾“中国语文学会”常务理事，“国家长期发展科学委员会”咨议委员、主席，《新时代》主编，“中央研究院”评议员等要职。毛子水留有近400篇论著，被编为《毛子水全集》。在《书籍与修养》一文中，毛子水劝诫人们要多读书，多藏书，以书畜德 。

【选文呈现】

《周易》(大畜卦象词)曰：“天在山中，大畜；君子以多识前言往行以畜其德。”“畜德”就是我们现在所谓的修养。修养需要多识前言往行，理至明显。但一个人要多识前言往行，最要紧的事情便是读书，因为前言往行，我们只能在书籍里学得。

后魏的道武帝尝问博士李先曰：“天下何物最善，可以益人神智?”李先对曰：“莫若书籍。”这当然是因为书籍记载着前言往行，乃是过去人类智慧所积存的地方。

宋朝黄庭坚曾说：“士大夫三日不读书，则义理不交于胸中；对镜觉面目可憎，语言无味。”从来讲书籍和修养的关系的，没有比黄氏这几句话更为亲切的了。

十九世纪下半期，英国文学家阿诺德(Matthew Arnold)亦以为世界上最好的东西，应为修养所资的，差不多全在书籍里。

因为这些贤哲的启示，我自己喜欢藏书，也希望别人喜欢藏书。

当然，藏书并非即是读书，读书亦不一定要藏书。世间尽有许多藏书而不读书的人，亦有许多能读书的人乃用借来的书把书读好的。

但最理想的读书环境莫如自己有书。自己的书，读起来要好些，这是读书的人都有同感的。除此以外，架上或桌上的书籍，有时可以使一个不喜欢读书的主人成为一个有出息的读书者。世上有许多收藏古董的人。从欣赏美术晶或保存美术品的观点讲，他们或许是一种有意思的人。但就普通情形讲，他们行为的动机，由于货利方面的多，由于文化方面的少。藏书家便不然。世上固然有富翁以收藏宋元版本或莎士比亚作品的初版为务而并没有丝毫学问上的意义的，但究竟是少数。

况且，我要自己收藏或劝人收藏的书，是现在最好的书，现在最可读的书，现在最有用的书。这种书籍，大部分都是现代人的著作，并不是可以当古董买卖的。从我们现在的观点，即就古人所作的书籍讲，亦不一定以古本为最好。譬如，《十三经注疏》，并不是宋元版的为最好，而是现在台北艺文印书馆影印阮刻本的为最好，最有用，最便于读；莎士比亚的作品，并不是原来的四开本或两开本为最好，而是Arden Edition，或Alexander，或Sisson等人所校订的本子为最好最便用，亦最便宜。

本文所讲的藏书，大概是就已离学校的人讲的。但一个在中学或大学的学生，亦未尝不可作藏书的企图。记得我在中学的时候，曾以家中给我的钱买到前四史，古经解汇函，小学汇函(尚是广东原版)等书，到了大学，买书的兴趣当然更大，范围亦更广。我知道现在学生的经济情形或不很好，但现在便宜的好书亦很多。中文的影印本，是大家所知道的；衡阳路一带的西书铺，陈列着很多廉价的版本(如牛津大学出版部所印行的World’s Classics，美国出版的Modem Library等)，亦很值得学子的注意。一个学生，能够省下一

次或两次看电影的费用，便可以买到一本印得很好的世界名著了，
这岂不是一件极大的快事!

我现在引十九世纪中英国大史学家麦考利(Macaulay)的两段话，作我这篇短文的结束：

“与其做一个国王而不知道爱好读书，我宁愿做一个穷人居于陋室而拥有极多的书籍。”

“书是我的一切。如果我现在有选择生活的自由，我就愿意埋身于一所你我所曾同参观过的大学图书馆中，并且不愿意有一时没有书籍在我面前。”(这是麦考利写给他妹妹信中的话。)

（毛子水著，《毛子水文存》第1辑，华龄出版社2011年1月）

【选文助读】

毛子水认为人要培养自身的修养必须要多识前言往行。而多识前言往行，最必要的事情便是读书，因为前言往行，只能从书籍中获得。书籍里记载着前言往行，积蓄着过去人类的智慧。用读书来提高自身的修养是一个长期的且循序渐进的过程。“士大夫三日不读书，则义理不交于胸中；对镜觉面目可憎，语言无味。”读书对人的谈吐、举止、品德具有很大的影响。在毛子水看来，藏书是非常好的养成读书习惯，制造读书氛围的手段，虽然说藏书并非是读书，读书亦不一定要藏书。也有许多藏书而不读书的人，亦有许多

能读书的人用借来的书把书读好的。但是最理想的读书环境莫过于自己有书。毛子水非常醉心阅读，与做一个不爱读书的国王相比，他说自己宁愿做一个拥有极多书籍的穷人，书是他的一切。

第六节
顾颉刚《怎样读书？》

博恰精专需兼有。

【作者简介】

顾颉刚（1893年—1980年），名诵坤，字铭坚，号颉刚。出生于江苏苏州的书香门第。1920年，毕业于北京大学，曾任教于厦门大学、中山大学、燕京大学、北京大学、云南大学、兰州大学等校。新中国成立后，历任中国科学院历史研究所研究员、中国民间文艺研究会副主席、民主促进会中央委员等职。是我国著名的历史学家、民俗学家，古史辨学派创始人。一生治学严谨、著述宏富，主要有《古史辨》《汉代学术史略》《秦汉的方士与儒生》《中国疆域沿革史》等。《怎样读书？》是他关于读书方法独到的体悟。

【选文呈现】

一个普通人走进了图书馆，看见满屋满架的书，觉得眼睛都花了。这是由于他对世界上的知识没有一方面是有特殊兴趣所致。研究学问的事固然不必每人都参加，但是一方面的特殊兴趣确为任何人所不可少。譬如看报，有人喜欢看专题新闻，有人喜欢看小说文艺，也有人喜欢看商市行情。只要他能够有一件喜欢的，自然拿到了一份报纸就有办法。我们读书的第一件事，是要养成特殊方面的兴趣。

有人读书，只要随便翻翻就抛开了。有人读书，却要从第一个字看到末一个字才罢。其实两种方法都有道理，但永久只用一种方法是不对的。因为我们可以看的书籍太多了，倘使无论哪一部书都要从第一个字看到末一个字，那么，人的生命有限，一生能够读得多少部书呢？但有几部书是研究某种学问的时候必须细读的，若只随便翻翻，便不能了解那种学问的意义。

读书的第二件事，是要区分书籍缓急轻重，知道哪几部书是必须细读的，哪几部书是只要翻翻的，哪几部书只要放在架上不必动，等到我们用得着它的时候才去查考的。要懂得这个法子，只有多看书目，研究一点目录学。我们的读书，是要借了书本子上的记载寻出一条求知的路，并不是要请书本子来管束我们的思想。读书的时候要随处会疑。换句话说，要随处会用自己的思想去批评它。我们只要敢于批评，就可分出它哪一句话是对的，哪一句话是错的，哪一句话是可以留待商量的。这些意思就可以写在书端上，或者写在笔记簿上。逢到什么疑惑的地方，就替它查一查。心中起什么问题，就自己研究一下。不怕动手，肯写肯翻，便可以养成自己的创作力。几年之后，对于这一门学问自然有驾驭运用的才干了。

我们读书的第三件事，是要运用自己的判断力。只要有了判断力，书本就是给我们使用的一种东西了。宋朝的陆象山说“‘六经’皆我注脚”，就是这个意思。

再有两件事情，也是应当注意的。其一，不可以有成见。以前的人因为成见太深了，只把经史看做最大的学问；经史以外的东西都看做旁门小道。结果，不但各种学问都被抑遏而不得发达，并且由于各种学问都不发达，就是经史的本身也是不能研究得好。近来大家感到国弱民贫，又以为唯有政治经济之学和机械制造之学足以直接救国的，才是有用之学，其余都是无关紧要的装饰品。这个见解也是错误的。学问的范围何其之大，凡是世界上的事物都值得研究，就是我们人类，再研究一万年也还是研究不尽。至于应用的范围却何其之小，方向是根据我们所需要而走的。昨天需要的东西，今天不要了，就丢了。今天需要的东西，明天不要了，也就丢了。若是为了应用的缘故，一意在应用上着力，把大范围忘了，等到时势一变，需要不同，我们岂不是剩了两只手呢！我们不能一味拿有用无用的标准来判定学问的好坏；就是某种像是没有用的学问，只要我们有研究的兴趣，也是可以研究下去为我们所用的。

其二，是应该多赏识。无论哪种学问，都不是独立的，与它关联的地方非常之多。我们要研究一种学问，一定要对别种学问有些赏识，使得逢到关联的地方可以提出问题，请求这方面的专家解决，或者把这些材料送给这方面的专家。以前有人说过，我们研究学问，应当备两个镜子：一个是显微镜，一个是望远镜。显微镜是对自己专门研究的一科用的；望远镜是对其他各科用的。我们要对自己研究的一科极尽精微，又要对别人研究的各科略知一二。这并不是贪多务博，只因为一种学问是不能独立的缘故。

我从前的读书虽然并不希望博洽，但确是没有宗旨，脑子里只有一堆零碎材料，连贯不起来。经过章太炎先生的提示，顿时激起我连贯材料的欲望。我想我的为学，无论治什么东西都可以见出它的地位，不肯随便舍弃，因此对着满眼都是的史料彷徨。但自己近情的学问毕竟还是史学，我就丢了其他勉力做史学。那时我很想做一部中国学术史，名为《学览》。粗粗定了一个目录，钉了二百余本的卷子，分类标题，预备聚集材料，撰写成丛书，现在看来，这种治学门径是对头的。

（黄岳洲，穆央，陈振编《怎样读书最有效》，语文出版社1996年3月）

【选文助读】

顾颉刚认为读书的第一件事，是要养成特殊方面的兴趣。无论是专题新闻、小说文艺还是商市行情，找到自己感兴趣的方面，只要能有一方面是让人喜欢的，便能够培养出读书的兴趣。在读书时，“随便翻翻”和“细读精思”必须要紧密结合。前者使人开阔视野，后者有助于了解学问的意义。读书的第二件事，是要分别书籍缓急轻重。哪几部书是必须细读，哪几部书只要翻翻，哪几部书留作查考，只有这样才能找出做学问的道路。在读书时还要切记存疑，有疑才有思，在思索中动手研究便能养成自己的创作力。“几年之后，对于这一门学问自然有驾驭运用的才干了”。第三件事，是要运用自己的判断力。有了判断力，书本就是给我们使用的一种东西了。在读一本书之前不能先对它有偏见，学问的范围是非常大的，不能拿无用的标准来判断学问的好坏。在他看来，每一门学问都不是独立的，我们要对自己研究的一科极尽精微，也要对别人研究的各科略知一二。在顾颉刚看来，做到博洽和精专是读书做学问必备的要素，缺一不可。

第七节
林语堂《论读书》

书不可强读，强读必无效。

【作者简介】

林语堂（1895年—1976年），原名和乐，后改玉堂，又改语堂，福建龙溪人，中国现代著名作家、学者、翻译家、语言学家，新道家代表人物。1912年，林语堂考入上海圣约翰大学，毕业后任教于清华大学。他早年曾留学美国、德国，获哈佛大学文学硕士，莱比锡大学语言学博士。回国后，任教于清华大学、北京大学、厦门大学等高校。1945年赴新加坡筹建南洋大学，任校长。曾任联合国教科文组织美术与文学主任、国际笔会副会长等职。林语堂曾创办《论语》《人间世》《宇宙风》等刊物，著有《京华烟云》《啼笑皆非》《人生的盛宴》《生活的艺术》等作品。译有《东坡诗文选》《浮生六记》等。《论读书》是林语堂联系时弊对于读书的感慨。

【选文呈现】

读书本是一种心灵的活动，向来算为清高。“万般皆下品，惟有读书高。”所以读书向称为雅事乐事。但是现在雅事乐事已经不雅不乐了。今人读书，或为取资格，得学位，在男为娶美女，在女为嫁贤婿；或为做老爷，踢屁股；或为求爵禄，刮地皮；或为做走狗，拟宣言；或为写讣闻，做贺联；或为当文牍，抄账簿；或为做相士，占八卦；或为做塾师，骗小孩……诸如此类，都是借读书之名，取利禄之实，皆非读书本旨。亦有人拿父母的钱，上大学，跑百米，拿一块大银盾回家，在我是看不起的，因为这似乎亦非读书的本旨。

今日所谈的是自由的看书读书：无论是在校，离校，做教员，做学生，做商人，做政客，有闲必读书。这种的读书，得以开茅塞，除鄙见，得新知，增学问，广识见，养性灵。人之初生，都是好学好问，及其长成，受种种俗见俗闻所蔽，毛孔骨节，如有一层包膜，失了聪明，逐渐顽腐。读书便是将此层蔽塞聪明的包膜剥下。能将此层剥下，才是读书人。并且要时时读书，不然便会鄙吝复萌，顽见俗见生满身上，一人的落伍、迂腐、冬烘，就是不肯时时读书所致。所以读书的意义，是使人较虚心，较通达，不固陋，不偏执。一人在世上，对于学问是这样的：幼时认为什么都不懂，大学时自认为什么都懂，毕业后才知道什么都不懂，中年又以为什么都懂，到晚年才觉悟一切都不懂。大学生自以为心理学他也念过，历史地理他亦念过，经济科学也都念过，世界文学艺术声光化电，他也念过，所以什么都懂。毕业以后，人家问他国际联盟在哪里，他说“我书上未念过”，人家又问法西斯蒂在意大利如何，他也说“我书上未念过”，所以觉得什么都不懂。到了中年，许多人娶妻生子，造洋楼，有身份，做名流，戴眼镜，留胡子，拿洋棍，沾沾自喜，那时他的世界已经固定了：女人放胸是不道德，剪发亦不道德，社会主义就是共产党，读《马氏文通》是反动，节制生育是亡种逆天，提倡白话是亡国之先兆，《孝经》是孔子写的，大禹必有其人……意见非常之多而且确定不移，所以又是什么都懂。其实是此种人久不读书，鄙吝复萌所致。此种人不可与之深谈。但亦有常读书的人，老当益壮，其思想每每比青年急进，就是能时时读书所以心灵不曾化石，变为古董。

读书的主旨在于排脱俗气。黄山谷谓人不读书便语言无味，面目可憎。须知世上语言无味面目可憎的人很多，不但商界政界如此，学府中亦颇多此种人。然语言无味，面目可憎在官僚商贾亦无妨，在读书人是不合理的。所谓面目可憎，不可作面孔不漂亮解，因为并非不能奉承人家，排出笑脸，所以“可憎”；胁肩谄媚，面孔漂亮，便是“可爱”。若欲求美男子小白脸，尽可于跑狗场、跳舞场，及政府衙门中求之。有漂亮面孔，说漂亮话的政客，未必便面貌不可憎。

书不可强读，强读必无效，反而有害，这是读书之第一义。读书不可勉强，因为学问思想是慢慢怀胎滋长出来的。其滋长自有滋长的道理，如草木之荣枯，河流之转向，各有其自然之势。逆势必无成就。树木的南枝遮荫，自会向北枝发展，否则枯槁以待毙。河流遇了矶石悬崖，也会转向，不是硬冲，只要顺势流下，总有流入东海之一日。世上无人人必读之书，只有在某时某地某种心境下不得不读之书。有你所应读，我所万不可读，有此时可读，彼时不可读。即使有必读之书，亦决非此时此刻所必读。见解未到，必不可读，思想发育程度未到，亦不可读。

且同一本书，同一作者，一时可读出一时之味道来。其景况适如看一名人相片，或读名人文章，未见面时，是一种味道，见了面交谈之后，再看其相片，或读其文章，自有另外一层深切的理会。或是与其人绝交之后，看其照片，读其文章，亦另有一番味道。凡是好书都值得重读的。自己见解愈深，学问愈进，愈读得出味道来。

读书须有胆识，有眼光，有毅力。胆识二字拆不开，要有识，必敢有自己意见，即使一时与前人不同亦不妨。前人能说得我服，是前人是，前人不能服我，是前人非。人心之不同如其面，要脚踏实地，不可舍己从人。如此读书，处处有我的真知灼见，得一分见解，是一分学问，除一种俗见，算一分进步，才不会落入圈套，满口滥调，一知半解，似是而非。

（林语堂著，《林语堂文集》，华夏出版社2000年5月）

【选文助读】

林语堂认为读书是一种心灵的活动，可谓雅事乐事。倘若借读书之名，取利禄之实，不仅不是读书的本旨，而且也称不上是雅事乐事了。在他看来，自由的看书读书是最能够开茅塞，除鄙见，得新知，增学问，广识见，养性灵的。它能够将人在成长过程中由种种俗见俗闻所蔽形成的包膜剥下，让人恢复聪明，摆脱顽腐。在读书方式上，林语堂认为书不可强读，强读必无效，反而有害，这是读书之第一义。学问思想是在日积月累的读书过程中慢慢怀胎滋长出来的。它的滋长如同草木荣枯、河流转向一般是有自身的规律的。对于同一本书，同一作者，一时还可读出一时之味道来。当读者学问越深，见解越精时，越能够品出书中真味来。读书还必须要有胆识、眼光和毅力。在读书时要有自己的真知灼见，敢于与权威辩论，不可一味地舍己从人。在思辨的这一过程中，得一分见解就是一分学问，除一种俗见也算一分进步。

第八节

冯友兰《我的读书经验》

精其选，解其言，知其意，明其理。

【作者简介】

冯友兰(1895年—1990年)，字芝生，河南省南阳市唐河县祁仪镇人，当代著名的哲学家、教育家。1915年考入北京大学，1918年毕业于北京大学哲学系。1919年赴美考察，师从新实在论者孟大格和实用主义大师杜威。1924年获美国哥伦比亚大学哲学博士学位。回国后，任清华大学教授、哲学系主任、西南联合大学教授、文学院院长。被选为中国科学院哲学社会科学部常务委员，第四届全国人大代表，第二至四届政协委员，第六、七届全国政协常委。著有《中国哲学史》《中国哲学简史》《中国哲学史新编》《贞元六书》等。均为20世纪中国学术的重要经典，被誉为“现代新儒家”。《我的读书经验》主要讲述了他关于“精读”的体验。

【选文呈现】

我今年八十七岁了，从七岁上学起就读书，一直读了八十年，其间基本上没有间断，不能说对于读书没有一点经验。我所读的书，大概都是文、史、哲方面的，特别是哲。我的经验总结起来有四点：（1）精其选，（2）解其言，（3）知其意，（4）明其理。

先说第一点。古今中外，积累起来的书真是多极了，真是浩如烟海，但是，书虽多，有永久价值的还是少数。可以把书分为三类，第一类是要精读的，第二类是可以泛读的，第三类是仅供翻阅的。所谓精读，是说要认真地读，扎扎实实地一个字一个字地读。

所谓泛读，是说可以粗枝大叶地读，只要知道它大概说的是什么就行了。所谓翻阅，是说不要一个字一个字地读，不要一句话一句话地读，也不要一页一页地读。就像看报纸一样，随手一翻，看看大字标题，觉得有兴趣的地方就大略看看，没有兴趣的地方就随手翻过。听说在中国初有报纸的时候，有些人捧着报纸，就像念五经四书一样，一字一字地高声朗诵。照这个办法，一天的报纸，念一天也念不完。大多数的书，其实就像报纸上的新闻一样，有些可能轰动一时，但是昙花一现，不久就过去了。所以，书虽多，真正值得精读的并不多。下面所说的就指值得精读的书而言。

怎样知道哪些书是值得精读的呢？对于这个问题不必发愁。自古以来，已经有一位最公正的评选家，有许多推荐者向它推荐好书。这个选家就是时间，这些推荐者就是群众。历来的群众，把他们认为有价值的书，推荐给时间。时间照着他们的推荐，对于那些没有永久价值的书都刷下去了，把那些有永久价值的书流传下来。从古以来流传下来的书，都是经过历来群众的推荐，经过时间的选择，流传了下来。我们看见古代流传下来的书，大部分都是有价值的，我们心里觉得奇怪，怎么古人写的东西都是有价值的。其实这没有什么奇怪，他们所作的东西，也有许多没有价值的，不过这些没有价值的东西，没有为历代群众所推荐，在时间的考验上，落了选，被刷下去了。现在我们所称谓“经典著作”或“古典著作”的书都是经过时间考验，流传下来的。这一类的书都是应该精读的书。

当然随着时间的推移和历史的发展，这些书之中还要有些被刷下去。不过直到现在为止，它们都是榜上有名的，我们只能看现在的榜。

我们心里先有了这个数，就可随着自己的专业选定一些须要精读的书。这就是要一本一本地读，所以在一个时间内只能读一本书，一本书读完了才能读第二本。在读的时候，先要解其言。这就是说，首先要懂得它的文字；它的文字就是它的语言。语言有中外之分，也有古今之别。就中国的汉语笼统地说，有现代汉语，有古代汉语，古代汉语统称为古文。详细地说，古文之中又有时代的不同，有先秦的古文，有两汉的古文，有魏晋的古文，有唐宋的古文。中国汉族的古书，都是用这些不同的古文写的。这些古文，都是用一般汉字写的，但是仅只认识汉字还不行。我们看不懂古人用古文写的书，古人也不会看懂我们现在的《人民日报》。这叫语言文字关。攻不破这道关，就看不见这道关里边是什么情况，不知道关里边是些什么东西，只好在关外指手划脚，那是不行的。我所说的解其言。就是要攻破这一道语言文字关。当然要攻这道关的时候，要先作许多准备，用许多工具，如字典和词典等工具书之类。这是当然的事，这里就不多谈了。

中国有句老话说是“书不尽言，言不尽意”，意思是说，一部书上所写的总要比写那部书的人的话少，他所说的话总比他的意思少。一部书上所写的总要简单一些，不能像他所要说的话那样罗嗦。这个缺点倒有办法可以克服。只要他不怕罗嗦就可以了。好在笔墨纸张都很便宜，文章写得罗嗦一点无非是多费一点笔墨纸张，那也不是了不起的事。可是言不尽意那种困难，就没有法子克服了。因为语言总离不了概念，概念对于具体事物来说，总不会完全合适，不过是一个大概轮廓而已。比如一个人说，他牙痛。牙是一个概念，痛是一个概念，牙痛又是一个概念。其实他不仅止于牙痛而已。那个痛，有一种特别的痛法，有一定的大小范围，有一定的深度。这都是很复杂的情况，不是仅仅牙痛两个字所能说清楚的，无论怎样罗嗦他也说不出来的，言不尽意的困难就在于此。所以在读书的时候，即使书中的字都认得了，话全懂了，还未必能知道作书的人的意思。从前人说，读书要注意字里行间，又说读诗要得其“弦外音，味外味”。这都是说要在文字以外体会它的精神实质。这就是知其意。司马迁说过：“好学深思之士，心知其意。”意是离不开语言文字的，但有些是语言文字所不能完全表达出来的。如果仅只局限于语言文字，死抓住语言文字不放，那就成为死读书了。死读书的人就是书呆子。语言文字是帮助了解书的意思的拐棍。既然知道了那个意思以后，最好扔了拐棍。这就是古人所说的“得意忘言”。在人与人的关系中，过河拆桥是不道德的事。但是，在读书中，就是要过河拆桥。

上面所说的“书不尽言”，“言不尽意”之下，还可再加一句“意不尽理”。理是客观的道理；意是著书的人的主观的认识和判断，也就是客观的道理在他的主观上的反映。理和意既然有主观客观之分，意和理就不能完全相合。人总是人，不是全知全能。他的主观上的反映、体会和判断，和客观的道理总要有一定的差距，有或大或小的错误。所以读书仅至得其意还不行，还要明其理，才不至于为前人的意所误。如果明其理了，我就有我自己的意。我的意当然也是主观的。也可能不完全合乎客观的理。但我可以把我的意和前人的意互相比较，互相补充，互相纠正。这就可能有一个比较正确的意。这个意是我的，我就可以用它处理事务，解决问题。好像我用我自己的腿走路，只要我心里一想走，腿就自然而然地走了。读书到这个程度就算是能活学活用，把书读活了。会读书的人能把死书读活；不会读书的人能把活书读死。把死书读活，就能把书为我所用，把活书读死，就是把我为书所用。能够用书而不为书所用，读书就算读到家了。

从前有人说过“六经注我，我注六经”。自己明白了那些客观的道理，自己有了意，把前人的意作为参考，这就是“六经注我”。不明白那些客观的道理，甚而至于没有得古人所有的意，而只在语言文字上推敲，那就是“我注六经”。只有达到“六经注我”的程度，才能真正地“我注六经”。

（冯友兰著，《中国哲学小史》，当代中国出版社2014年3月）

【选文助读】

冯友兰将书分为三类，第一类是要精读的，第二类是可以泛读的，第三类是仅供翻阅的。精读无疑是其中最为必要的读书方式。冯友兰认为书虽多，真正值得精读的并不多。经过时间考验，流传下来的“经典著作”或“古典著作”都是应该精读的书。在精读的过程中，首先要解其言。这就是说，要借助字典和词典等工具书先读懂书中文字。其次要知其意。要在文字以外体会书中的精神实质。探求“弦外音，味外味”。读书仅明白其中意还不行，还要明其理，才不至于被前人的意所误。读书中获得自己的理之后，将其与书中之理作比较，选出正确的意，用它处理事务，解决问题，读书才能读活。冯友兰从选书、阅读、理解、使用的整个过程概括出的读书12字经验“精其选”“解其言”“知其意”“明其理”具有很强的指导意义。

第九节
朱光潜《谈读书》

读书并不在多，最重要的是选得精，读得彻底。

【作者简介】

朱光潜(1897年-1986年)，字孟实，安徽省桐城人，现当代著名美学家、文艺理论家、教育家、翻译家。1918年入武昌高等师范学校国文系，1919年进香港大学教育系，1925年留学英国爱丁堡大学，研究文学、心理学与哲学，在法国斯特拉斯堡大学获哲学博士学位。1933年回国，曾任教于北京大学、四川大学、武汉大学，讲授美学与西方文学。一生笔耕不辍，著有《文艺心理学》《悲剧心理学》《谈美》《诗论》《谈文学》《谈美书简》等作品，有《歌德谈话录》《拉奥孔》《美学原理》等译著。《读书是一种训练》中朱光潜谈论了读书作为一种系统的特殊性。

【选文呈现】

学问不只是读书，而读书究竟是学问的一个重要途径。因为学问不仅是个人的事而是全人类的事，每科学问到了现在的阶段，是全人类分工努力日积月累所得到的成就，而这成就还没有湮没，就全靠有书籍记载流传下来。书籍是过去人类的精神遗产的宝库，也可以说是人类文化学术前进轨迹上的里程碑。我们就现阶段的文化学术求前进，必定根据过去人类已得到成就做出发点。如果抹煞过去人类已得的成就，我们说不定要把出发点移回到几百年甚至几千年前，纵然能前进，也还是开倒车落伍。读书是要清算过去人类成就的总账，把几千年的人类思想经验在短促的几十年内重温一遍，把过去无数亿万人辛苦获来的知识教训，集中到读者一个人身上去受用。有了这种准备，一个人才能在学问途程上作万里长征，去发现新的世界。

历史愈前进，人类的精神遗产愈丰富，书籍愈浩繁，而读书也就愈不易。书籍固然可贵，却也是一种累，可以变成研究学问的障碍。它至少有两大流弊：第一，书多易使读书不专精。我国古代学者因书籍难得，皓首穷年才能治一经，书虽读得少，读一部却就是一部，口诵心惟，嘴嚼得烂熟，透入身心，变成一种精神的原动力，一生受用不尽。现在书籍易得，一个青年学者就可夸口曾过目万卷，“过目”的虽多，“留心”的却少，譬如饮食，不消化的东西积得愈多，愈易酿成肠胃病，许多浮浅虚骄的习气都由耳食肤受所养成。其次，书多易使读者迷方向。任何一种学问的书籍现在都可装满一个图书馆，其中真正绝对不可不读的基本著作往往不过数千部甚至于数部。许多初学者贪多而不务得，在无足轻重的书籍上浪费时间与精力，就不免把基本要籍耽搁了；比如学哲学的尽管看过无数种的哲学史和哲学概论，却没有看过一种柏拉图的《对话集》。学经济学的尽管读过无数种的教科书，却没有看过亚当·斯密的《原富》。做学问如作战，须攻坚挫锐，占住要塞。目标太多了，掩埋了坚锐所在，只东打一拳，西踢一脚，就成了“消耗战”。

读书并不在多，最重要的是选得精，读得彻底，与其读10 部无关轻重的书，不如以读10 部书的时间和精力去读一部真正值得读的书；与其10 部书都只能泛览一遍，不如取一部书精读10 遍。“旧书不厌百回读，熟读深思子自知”，这两句诗值得每个读书人悬为座右铭。读书原为自己受用，多读不能算是荣誉，少读也不能算是羞耻。少读如果彻底必能养成深思熟虑的习惯，涵泳优游，以至于变化气质；多读而不求甚解，譬如驰骋十里洋场，虽珍奇满目，徒惹得心花意乱，空手而归。世间许多人读书只为装点门面，如暴发户炫耀家私，以多为贵。这在治学方面是自欺欺人，在做人方面是趣味低劣。

读的书当分种类，一种是为获得现世界公民所必需的常识，一种是为做专门学问。为获常识起见，目前一般中学和大学初年级的课程，如果认真学习，也就很够用。所谓认真学习，熟读讲义课本并不济事，每科必须精选要籍三五种来仔细玩索一番。常识课程总共不过十数种，每种选读要籍三五种，总计应读的书也不过50 部左右。这不能算是过奢的要求。一般读书人所读过的书大半不止此数，他们不能得实益，是因为他们没有选择，而静读时又只潦草滑过。

读书要有中心，有中心才易有系统组织。比如看史书，假定注意的中心是教育与政治的关系，则全书中所有关于这问题的史实都被这中心联系起来，自成一个系统。以后读其它书籍如经子专集之类，自然也常遇着关于政教关系的事实与理论，它们也自然归到从前看史书时所形成的那个系统了。一个心里可以同时有许多系统中心，如一部字典有许多“部首”，每得一条新知识，就会依物以类聚的原则，汇归到它的性质相近的系统里去，就如拈新字贴进字典里去，是人旁的字都归到人部，是水旁的字都归到水部。大凡零星片段的知识，不但易忘，而且无用。每次所得的新知识必须与旧有的知识联络贯串，这就是说，必须围绕一个中心归聚到一个系统里去，才会生根，才会开花结果。

记忆力有它的限度，要把读过的书所形成的知识系统，原本枝叶都放在脑里储藏起，在事实上往往不可能。如果不能储藏，过目即忘，则读亦等于不读。我们必须于脑以外另辟储藏室，把脑所储藏不尽的都移到那里去。这种储藏室在从前是笔记，在现在是卡片。记笔记和做卡片有如植物学家采集标本，须分门别类订成目录，采得一件就归入某一门某一类，时间过久了，采集的东西虽极多，却各有班位，条理井然。这是一个极合乎科学的办法，它不但可以节省脑力，储有用的材料，供将来的需要，还可以增强思想的条理化与系统化。预备做研究工作的人对于记笔记做卡片的训练，宜于早下功夫。

（朱光潜著，《给青年的十二封信》，群言出版社2014年10月）

【选文助读】

朱光潜认为读书究是做学问的重要途径。而书籍愈浩繁，读书也就愈不易。在众多的书籍中如何做出选择是非常重要的。他认为读书并不在于数量的多寡，最重要的是要挑选得当，读得彻底。在他看来，“与其读10 部无关轻重的书，不如以读10 部书的时间和精力去读一部真正值得读的书。”其次，适当地在阅读中了解常识也是非常重要的，世界上没有一科孤立的学问。朱光潜认为“先博学而后守约，这是治任何学问所必守的程序”。“博学”就是有深广的根基。“守约”就是要“精专”。要做到精专，在读书的时候必须选定一个中心。围绕着这个中心去读书，在读的过程中形成系统。有了这个体系之后，再将新知识与旧有知识贯穿起来，分门别类的做好整理，便能够节省脑力，使得所学的东西条理井然了。

第十节
老舍《谈读书》

随心所欲，不求甚解。

【作者简介】

舒庆春（1899年—1966年），字舍予，笔名老舍，本名舒庆春，生于北京。他是中国著名作家、现代小说家、人民艺术家，新

中国第一位获得“人民艺术家”称号的作家。1913年考取公费的

北京师范学校。1924年，赴英国，任伦敦大学亚非学院讲师。1930年回国，历任齐鲁大学教授、山东大学文学系教授、全国文艺界抗敌协会常务理事兼总务部主任、中国民间文学研究会成立，任副理事长、全国文联主席、作协副主席等职。1966年因“文革”自溺于北京太平湖。著有长篇小说《四世同堂》《猫城记》《牛天赐传》《骆驼祥子》等，话剧《茶馆》《龙须沟》等。《谈读书》是老舍结合自己经验所写的关于读书的体悟。

【选文呈现】

若是学者才准念书，我就什么也不要说了。大概书不是专为学者预备的，那么，我可要多嘴了。

从我一生下来直到如今，没人盼望我成个学者；我永远喜欢服从多数人的意见。可是我爱念书。

书的种类很多，能和我有交情的可很少。我有决定念什么的全权；自幼儿我就会逃学，楞挨板子也不肯说我爱《三字经》和《百家姓》。对，《三字经》便可以代表一类——这类书，据我看，顶好在判了无期徒刑后去念，反正活着也没多大味儿。这类书可真不少，不知道为什么；也许是犯无期徒刑罪的太多；要不然便是太少——我自己就常想杀些写这类书的人。我可是还没杀过一个，一来是因为——我才明白过来——写这样书的人敢情有好些已经死

了，比如写《尚书》的那位李二哥，二来是因为现在还有些人专爱念这类书，我不使得罪人太多了。顶好，我看是不管别人，我不爱念的就不动好了。好在，我爸爸没希望我成个学者。

第二类书也与咱无缘：书上满是公式，没有一个“然而”和“所以”。据说，这类书里藏着打开宇宙秘密的小金钥匙。我倒久想明白点真理，如地球是圆的之类;可是这种书别扭，它老瞪着我，书不老老实实的当本书，瞪人干吗呀?我不能受这个气!有一回，一位朋友给我一本《相对论原理》，他说：明白这个就什么都明白了。我下了决心去念这本宝贝书。读了两个“配纸”(英译音：页——编注)我遇上了一个公式。我跟它“相对”了两点多钟!往后边一看，公式还多了去啦!我知道和它们“相对”下去，它们也许不在乎，我还活着不呢?

可是我对这类书，老有点敬意。这类书和第一类有些不同，我看得出。第一类书不是没法懂，而是懂了以后使我更糊涂。以我现在的理解力——比上我七岁的时候，我现在满可以作圣人了——我能明白“人之初，性本善”。明白完了，紧跟着就糊涂了;昨儿个晚上，我还挨了小女儿——玫瑰唇的小天使——一个嘴巴。我知道这个小天使性本不善，她才两岁。第二类书根本就看不懂，可是人家的纸上没印着一句废话;懂不懂的，人家不闹玄虚，它瞪我，或者我是该瞪。我的心这么一软，便把它好好放在书架上;好打好散，别太伤了和气。

这要说到第三类书了。其实这不该算一类;就这么算吧，顺嘴。这类书是这样的：名气挺大，念过的人总不肯说它坏，没念过的人老怪害羞地说将要念。譬如说《元曲》，太炎“先生”的文章，罗马的悲剧，辛克莱的小说，《大公报》——不知是哪儿出版的一本书——都算在这类里，这些书我也都拿起来过，随手便又放下了。这里还就属那本《大公报》有点劲。我不害羞，永远不说将要念。好些书的广告与威风是很大的，我只能承认那些广告作得不错，谁管它威风不威风呢。

“类”还多着呢，不便再说;有上面的三项也就足以证明我怎样的不高明了。该说读的方法。

怎样读书，在这里，是个自决的问题;我说我的，没勉强谁跟我学。第一，我读书没系统。借着什么，买着什么，遇着什么，就读什么。不懂的放下，使我糊涂的放下，没趣味的放下，不客气。我不能叫书管着我。

第二，读得很快，而不记住。书要都叫我记住，还要书干吗?书应该记住自己。对我，最讨厌的发问是：“那个典故是哪儿的呢?”“那句话是怎么来着?”我永不回答这样的考问，即使我记得。我又不是印刷机器养的，管你这一套!

读得快，因为我有时候跳过几页去。不合我的意，我就练习跳远。书要是不服气的话，来跳我呀!看侦探小说的时候，我先看最后的几页，省事。

第三，读完一本书，没有批评，谁也不告诉。一告诉就糟：“嘿，你读《啼笑姻缘》？”要大家都不读《啼笑姻缘》，人家写它干吗呢?一批评就糟：“尊家这点意见?”我不惹气。读完一本书再打通儿架，不上算。我有我的爱与不爱，存在我自己心里。我爱念什么就念，有什么心得我自己知道，这是种享受，虽然显得自私一点。

再说呢，我读书似乎只要求一点灵感“印象甚佳”便是好书，我没工夫去细细分析它，所以根本便不能批评。“印象甚佳”有时候并不是全书的，而是书中的一段最入我的味;因为这一段使我对这全书有了好感;其实这一段的美或者正足以破坏了全体的美，但是我不去管;有一段叫我喜欢两天的，我就感谢不尽。因此，设若我真去批评，大概是高明不了。

第四，我不读自己的书，不愿谈论自己的书。“儿子是自己的好”，我还不晓得，因为自己还没有过儿子。有个小女儿，女儿能不能代表儿子，就不得而知。“老婆是别人的好”，我也不敢加以拥护，特别是在家里。但是我准知道，书是别人的好。别人的书自然未必都好，可是至少给我一点我不知道的东西。自己的，一提都头疼!自己的书，和自己的运气，好像永远是一对儿累赘。

第五，哼，算了吧。

（老舍著,《猫》,吉林美术出版社2014年6月）

【选文助读】

老舍作为一名小说家，读书心得与其他学者颇有不同。他在读书的时候非常的随意，完全率性而为，读来很有趣味。将读书作为生活的消遣时，这样的读书方法会让人非常轻松自在。老舍坦言自己在读书的时候，不懂的就放下，使自己糊涂的放下，没趣味的也放下，读就要读自己爱看的，不能叫书管着。老舍说自己读书的时候，读得很快，而不记住。他认为书应该记住自己，人应该注重在阅读中获得的欣悦与灵感。当他读完一本书时，没有批评，谁也不告诉。心得留在自己心中慢慢享受。老舍读书时的“随心所欲”“不求甚解”法给他的小说创作也带来了很大的影响。他一生著作宏富，类型多样，作品语言非常的诙谐、风趣，被授予了“人民艺术家”的称号。

第十一节

王力《谈谈怎样读书》

精挑细选，由博返约，厚今薄古，深思勤写。

【作者简介】

王力(1900年—1986年)，字了一，广西壮族自治区博白县人，我国现代语言学的奠基人。1924 年在上海南方大学学习。1926年考进清华大学国学研究院，研究中国古文文法。1927年赴法国巴黎大学留学，1932年回国，曾任教于清华大学、燕京大学、广西大学、岭南大学、中山大学、北京大学，一直从事语言科学的教学研究工作。曾兼任国家语言文字工作委员会顾问，中国语言学会名誉会长，中国音韵学研究会名誉会长等职。著有《诗词格律》《楚辞韵读》《诗经韵读》《汉语音韵》等书。被誉为“中国百年来最卓越的语言学家”。《谈谈怎样读书》是王力关于读书方法的介绍。

【选文呈现】

首先谈读什么书。

中国的书是很多的，光古书浩如烟海，一辈子也读不完，所以读书要有选择。清末张之洞写了一本书叫《书目答问》，是为他的学生写的，他的学生等于我们现在的研究生。他说写这本书有三个目的：第一个目的是给这些学生指出一个门径，从何入手；第二个目的是要他们选择良莠，即好不好，好的书才念，不好的书不念；第三个目的是分门别类，再加些注解，以帮学生念书。从《书目答问》看，读书就有个选择的问题，好书才读，不好的就不用读。他开的书单子是很长的，我们今天要求大家把他提到的书都读过也不可能，今天读书恐怕要比《书目答问》提出的书少得多。我们没有那么多时间，因此，选择书很重要。不加选择，如果读的是一本没有用处的书，或者是一本坏书，那就是浪费时间。不只是浪费时间，有时还接受些错误的东西。到底读什么不读什么？这要根据各人的专业来定。如对搞汉语史的来说，倘若一本书是专门研究“六书”的，或者专门研究什么叫“转注”的，像这样的书就不必去读，因为对研究汉语史没什么帮助。而像《说文段注》、《马氏文通》这样的书就不可不读了。因为《马氏文通》是我国最早的一部语法书，而读了《说文段注》，对《说文解字》就容易理解多了，这对研究汉语史很有帮助。读书要有选择，这是第一点，可以叫去粗取精。

第二点叫由博返约。对于由博返约，现在大家不很注意，所以要讲一讲。我们研究一门学问，不能说限定在那一门学问里的书我才念，别的书我不念。你如果不读别的书，只陷在你搞的那一门的书里边，这是很不足取的，一定念不好，因为你的知识面太窄了，碰到别的问题你就不懂了。过去有个坏习惯，研究生只是选个题目，这题目也相当大，但只写论文了，别的书都没念，将来做学问就有很大的局限性。如果来做老师，那就更不好了。搞汉语史的，除了关于汉语史的一些书要读，还有很多别的书也要读，首先是历史，其次是文学。多啦，还是应该从博到专，即所谓由博返约。

第三点，要厚今薄古。这是什么意思呢？因为前人的书，如果有好的，现代人已经研究，并加以总结和发挥了。我们念今人的书，古人的书也包括在里边了。如果这书质量不高，没什么价值，那就大可不念。《书目答问》中就提到过这一点，张之洞说，他选的大多是清朝的书，有些古书，也是清朝人整理并加注解的，比如经书，十三经，也是经清朝人整理并加注解的。从前，好的书经清朝人整理就行了，不好的书，清朝人就不管它了。他的意思，也就是我上面说的哪个意思。他的话可适用于现在，并不需要把很多古书都读完，那也做不到。

其次谈怎样读书。

首先应当读书的序例，即序文和凡例。过去我们有个坏习惯，以为看正文就行了，序例可以不看。其实序例里有很多好东西。序常常讲到写书的纲领，目的。替别人作序的，还讲书的优点。凡例是作者认为应该注意的地方。这些都很好，我们却常常忽略。《说文段注》的序是在最后的，我建议你们念《说文段注》时应该把序提到前面来念。《说文序》，段玉裁也加了注，更应该念，《说文段注》有王念孙的序，很重要。主要讲《说文段注》之所以写得好，是因为作者讲究音韵，掌握了古音，能从音到义。王念孙的序把段注整部书的优点都讲了。再如《马氏文通》的序和凡例是很好的东西，序里有句话：“会集众字以成文，其道终不变。”序里讲了语法的稳定性，给语法下了定义。凡例说明了人们为什么要学语法，他为什么要写一本语法书。不单是《说文段注》和《马氏文通》这两部书，别的书也一样，看书必须十分注意序文和凡例。

其次，要摘要作笔记。现在人们喜欢在书的旁边圈点，表示重要。这个好，但是还不够，最好把重要的地方抄下来。这有什么好处呢？张之洞《书目答问》中有一句话很重要，他说："读书不知要领，劳而无功。"一本书什么地方重要，什么地方不重要，你看不出来，那就劳而无功。现在有些人念书能把有用的东西吸收进去，有的人并没有吸收进去，看是看了，却都忘了。为什么？因为他就知道看，不知道什么地方是好的，什么地方是最重要的，精采的，这个书就白念了。这些人就知道死记硬背，背得很多，背下来有没有用处呢？有些人并不死记硬背，有些地方甚至马马虎虎就看过去了，但念到重要的地方他就一点不放过，把它记下来。所以读书要摘要作笔记。

第三点，应当考虑着作眉批，在书的天头加自己的评论。看一本书，如果自己一点意见都没有，可以说你没有好好看，你好好看，总会有些意见的。所以最好在书眉，又叫天头，即书上边空的地方作些眉批。试试看，我觉得这本书什么地方好，什么地方不合适，都可以加上评论。从前我念过的那本《马氏文通》，上边都写有眉批，那时我才26岁，也是在清华当研究生。我在某一点上不同意书里的意见，有我自己的看法，就都写在上边了。今天拿来看，有些批的是对的，有些批错了，但没关系，因为这经过了自己的考虑。批人家，自己就得用一番心思，这样，对那本书的印象就特别深。自己做眉批，可以帮你读书，把书的内容吸收进去。也可用另外的办法，把记笔记和写书评结合在一起，把书评写在笔记里边，这样很方便。准备一个笔记本，一方面把书里重要的地方记下来；另一方面，也把自己对书里的某些讲法的不同意见记下来。

另外，要写读书报告。如果你作了笔记，又作了眉批，读书报告就很好写了。最近看了一篇文章，一篇很好的读书报告，就是赵振铎的《读<广雅疏证>》，可以向他学习。《广雅疏证》没有凡例，他给它定了凡例，《疏证》是怎么写的，有什么优点，他都讲到了。像这样写个读书报告就很好，好的读书报告简直就是一篇好的学术论文。

（王力著,《龙虫并雕斋琐语》, 商务印书馆2002年）

【选文助读】

中国的书浩如烟海，一辈子无法读完。因此王力先生认为读书首先要有选择性。读了没有用处的书或者是“坏书”是非常浪费时间而且有害的。到底读什么书应该根据每个人的专业来定，倘若有名师的推荐书目对读书是很有益处的。其次，读书要由博返约。在读关于自己专业的书籍的时候，还要读一些相关的书甚至其他类别的书。没有一门学科是孤立的，只有先做到广博才能有助于专精。读书还要厚今薄古。好的书经过时间的洗礼和历代人的评注、现代人的总结之后，念今人的书，古人的书也就被包括其中了。在读今人书的过程中，首先应当注意要读书的序例，即序文和凡例。序讲写书的纲领，目的。替别人作序的，还讲书的优点。凡例是作者认为应当注意的地方。掌握了序言和凡例就能够大体把握书的结构，特点和大致内容，之后再去阅读每一章节，就能够拥有更好的视野。其次，要摘要作笔记。“读书不知要领，劳而无功。”做笔记能够帮助自己总结书的要领，使知识体系更加明晰。第三点，应当考虑着作眉批，在书的天头加自己的评论。在书上边的空地方作眉批。准备一个笔记本，把书中自己认为重要的地方和自己的看法记下来。在此基础上，写出读书报告，更是事半功倍。

第十二节
俞平伯《读书的意义》（节选）

好学深思，安心向学。

【作者简介】

俞平伯(1900年—1990年)，原名俞铭衡，字平伯。现代诗人、作家、红学家。1919年毕业于北京大学。曾赴日本考察教育。1949

年后，历任北京大学教授，中国社会科学院文学研究所研究员，九三学社中央委员、顾问，中国文联第一至四届委员，中国作协第一、二届理事。是第一、二、三届全国人大代表，第五、六届全国政协委员。著有《红楼梦辨》《论诗词曲杂著》《俞平伯散文选集》等。《桨声灯影里的秦淮河》是他散文的代表作。《读书的意义》是俞平伯关于读书好利之心重的乱象生发出的对教育问题的感慨。

【选文呈现】

古人云："读万卷书，行万里路。"这不仅有关连，是一桩事情的两种看法而已。游历者，活动的书本。读书则曰卧游，山川如指掌，古今如对面，乃广义的游览。现在，因交通工具的方便，走几万里路不算什么，读万卷书的日见其少了。当有种种的原因，最浅显的看法，是读书动机的缺乏。

……

现在有一种情形，这十年以来，说得远一点，二三十年以来都如此，就是国文程度显著的低落，别字广泛地流行着，在各级学校任教的，人人皆知，人人皱眉头痛，认为不大好办的事情。这严重的光景，不仅象征着读书阶级的崩溃，并直接或间接影响到民族的前途，国家的生长。

文字教育好像不算得什么。文字原不过白纸上画黑道，一种形迹而已，但文化却寄托在这形迹上。我们常夸说神州立国几千年，华夏提封数万里，这种时空的超卓并不必由于天赋，实半出于人为，皆先民积久辛勤努力所致，我们应如何欢喜惭愧，却不可有恃无恐。方块字的完整，艰深，固定，虽似妨碍文化知识的普及，亦正于无形之中维护国家的统一与永久。从时间说，我们读古书如《论语》觉得孔子孟子似乎不太远，而杜工部苏东坡的诗文呢，他们两位活像我们的老前辈，这是方块文字不易变动之力。假如当初完全用音标文字，那不必提周秦两汉，就是唐宋，也就很遥远而隔膜，我们通解先民的情思比较困难，而华夏国本亦因而动摇不安。再从空间说，北自满洲，南迄岭海，虽分南北中三部，细分还有更多的区域，然而中国始终只有一个，譬如说广东话与北京话完全两样，而纸上文字完全一致。我国屡经外夷侵略，或暂被征服，而于风雨飘摇中始终屹立不失者，上面已表过是先民血汗的成绩，而在民族的团结上，文字确也帮忙不少。历史事实具在，不容易否认的。

所以文字教育的失败，表面上看只是读书种子稀少，一般国文水准低落而已，骨子里已损害民族国家的前途，自非好作危言耸人听闻，废书不读可谓今日之流行病。用功的人难道没有？即有少数的人好学潜修也不足挽回这颓风。即以学校教育而论，听讲的时间每多于自修，而自修课业，有如太史公所谓好学深思心知其意者能有几人？我不敢轻量天下之士，武断地说或者不多罢。如何使人安心向学，对读书感到兴味，似是小事，却是牵连社会生计问题，譬如饿着肚子读书当然不成的，更有关于教育考试铨叙各制度的改革。我们从事教育写作文字的固责无旁贷，但也不仅是个人努力的事，而成为民族复兴国运重光的大业之一了。

（俞平伯著，陆永品主编，《俞平伯名作欣赏》，
中国和平出版社1998年）

【选文助读】

读书的真正意义，不在于为功名富贵做敲门砖，而在于扩充知识以外兼可涵咏性情，修持道德。在俞平伯看来懂得怎样读书的人一天一天的减少了，人在读书过程当中的好利之心压倒了一切，虽然这并非一朝一夕之故，古已有之。但是想要在这一味好利的空气中去寻求读书的真正乐趣，是难于上青天的。要想从读书中获得乐趣，充实自己的精神，好利之心是必须要摈弃的。俞平伯认为文字教育的成败与国家的前途是紧密相关的，废书不读可谓流行病。在读书中好学深思，心知其意的人虽然极少，但是我们还是要在兼顾生计问题的基础上去安心向学，读出书中的趣味来。

第十三节
梁实秋《漫谈读书》

读书是最简便的修养方法。

【作者简介】

梁实秋(1903年—1987年)，原名梁治华，笔名子佳、秋郎、程淑等。他出生于北京，浙江杭县(今余杭)人。我国著名的散文家、学者、文学批评家、翻译家。1915年秋考入清华，1923年8月留学于美国科罗拉多州科罗拉多学院。1926年回国任教于南京东南大学。历任北京大学研究教授兼外文系主任、国立编译馆翻译委员会主任委员、北平师大教授、台湾师范学院英语系教授兼系主任等职，于1987年11月3日病逝于台北。他一生笔耕不辍，在文坛上留下了两千多万字的著作。代表作有《雅舍小品》《英国文学史》《莎士比亚全集》(译作)等。《漫谈读书》是梁实秋关于读书之益的感悟。

【选文呈现】

我们现代人读书真是幸福。古者，“著于竹帛谓之书”，竹就是竹简，帛就是缣素。书是稀罕而珍贵的东西。一个人若能垂于竹帛，便可以不朽。孔子晚年读《易》，韦编三绝，用韧皮贯联竹简，翻来翻去以至于韧皮都断了，那时候读书多么吃力！后来有了纸，有了毛笔，书的制作比较方便，但在印刷之术未行以前，书的流传完全是靠抄写。我们看看唐人写经，以及许多古书的抄本，可以知道一本书得来非易。自从有了印刷术，刻板、活字、石印、影印，乃至于显微胶片，读书的方便无以复加。

物以稀为贵。但是书究竟不是普通的货物。书是人类的智慧的结晶，经验的宝藏，所以尽管如今满坑满谷的都是书，书的价值不是用金钱可以衡量的。价廉未必货色差，畅销未必内容好。书的价值在于其内容的精到。宋太宗每天读《太平御览》等书二卷，漏了一天则以后追补，他说："开卷有益，朕不以为劳也。"这是"开卷有益"一语之由来。《太平御览》采集群书1600余种，分为55门，历代典籍尽萃于是，宋太宗日理万机之暇日览两卷，当然可以说是"开卷有益"。如今我们的书太多了，纵不说粗制滥造，至少是种类繁多，接触的方面甚广。我们读书要有抉择，否则不但无益而且浪费时间。

那么读什么书呢？这就要看各人的兴趣和需要。在学校里，如果能在教师里遇到一两位有学问的，那是最幸运的事，他能适当的指点我们读书的门径。离开学校就只有靠自己了。读书，永远不恨其晚。晚，比永远不读强。有一个原则也许是值得考虑的：作为一

个道地的中国人，有些部书是非读不可的。这与行业无关。理工科
的、财经界的、文法门的，都需要读一些蔚成中国文化传统的书。经书当然是其中重要的一部分，史书也一样的重要。盲目的读经不可以提倡，意义模糊的所谓“国学”亦不能餍现代人之望。一系列的古书是我们应该以现代眼光去了解的。

黄山谷说：“人不读书，则尘俗生其间，照镜则面目可憎，对人则语言无味。”细味其言，觉得似有道理。事实上，我们所看到的人，确实是面目可憎语言无味的居多。我曾思索，其中因果关系安在？何以不读书便面目可憎语言无味?我想也许是因为读书等于是尚友古人，而且那些古人著书立说必定是一时才俊，与古人游不知不觉受其熏染，终乃收改变气质之功，境界既高，胸襟既广，脸上自然透露出一股清醇爽朗之气，无以名之，名之曰书卷气。同时在谈吐上也自然高远不俗。反过来说，人不读书，则所为何事，大概是陷身于世网尘劳，困厄于名缰利锁，五烧六蔽，苦恼烦心，自然面目可憎，焉能语言有味？

当然，改变气质不一定要靠读书。例如，艺术家就另有一种修为。“伯牙学琴于成连先生，三年不成。成连言吾师方子春今在东海中，能移人情。乃与伯牙偕往，至蓬莱山，留伯牙宿，曰：‘子居习之，吾将迎师。’刺船而去，旬时不返。伯牙延望无人，但闻海水洞崩拆之声，山林冥，群鸟悲号，怆然叹曰：‘先生将移我情。’乃援琴而歌，曲成，成连刺船迎之而返。伯牙之琴，遂妙天

下。”这一段记载，写音乐家之被自然改变气质，虽然神秘，不是不可理解的。禅宗教外别传。根本不立文字，靠了顿悟即能明心见性。这究竟是生有异禀的人之超绝的成就。以我们一般人而言，最简便的修养方法是读书。

书，本身就是情趣，可爱。大大小小形形色色的书，立在架上，放在案头，摆在枕边，无往而不宜。好的版本尤其可喜。我对线装书有一分偏爱。吴稚晖先生曾主张把线装书一律丢在茅厕坑里，这偏激之言令人听了不大舒服。如果一定要丢在茅厕坑里，我丢洋装书，舍不得丢线装书。可惜现在线装书很少见了，就像穿长袍的人一样的稀罕。几十年前我搜求杜诗版本，看到古逸丛书影印宋版蔡孟弼《草堂诗笺》，真是爱玩不忍释手，想见原本之版面大，刻字精，其纸张墨色亦均属上选。在校勘上笺注上此书不见得有多少价值，可是这部书本身确是无上的艺术品。

（梁实秋著，《雅舍杂文》，武汉出版社2013年8月）

【选文助读】

梁实秋认为“书是人类的智慧的结晶，经验的宝藏”，其价值不是用金钱可以衡量的。书的价值在于其内容的精到，不在于它是否畅销，价廉也未必货色差。读书永远不嫌晚，读总比不读要好。至于读什么书，首先要看个人的兴趣和需要。在梁实秋看来，人倘若不读书，身上就会有尘俗之气，与人交谈也言语无味。读书能够使人胸襟广阔、清醇爽朗，谈吐变得高远不俗。读书是普通人用以修养身心的绝妙法宝。书，本身就是情趣。梁实秋在《影响我的几本书》中这样写道："书像是一股洪流，是多年来多少聪明才智的人点点滴滴的汇集而成……接触几部难忘的书，有如良师益友，获益匪浅"。

第十四节
钟敬文《读书与"造房子"》

读书是一种偏于心理的活动，它该有它相对的自己的规律。

【作者简介】

钟敬文（1903年—1903年），原名钟谭宗。出生于广东海丰县公平鱼街，客家人。是我国著名的民俗学家、现代散文作家。被誉为"民俗学之父"。他于1922年毕业于海丰县陆安师范。1927年，与顾颉刚等人组织了民俗学会，编辑了《民间文艺》《民俗》及民俗学丛书，同时创作散文与新诗，出版了散文集和民间文艺论集。1934年在日本早稻田大学文科研究院学习，并继续从事民间文学研究。曾任教于浙江大学文理学院、无锡教育学院、中山大学文学院、香港达德学院。1947年被选为中国文学协会香港分会常务理事。著有《民俗文化学——梗概与兴起》《民俗学通史》《楚辞中的神话和传说》等学术理论作品和《荔枝小品》《西湖漫话》《海滨的二月》等散文、新诗集。《读书与“造房子”》中钟敬文分享了他在实践中摸索出的读书方法。

【选文呈现】

我的读书，主要是凭个人的兴趣和暗中摸索，因此不免有许多地方是走了冤枉路的。最初耽爱的是文学方面。历史一类的书籍，也曾打动过我少年时期的心情，可是到底敌不过诗歌、散文和小说等的吸引力量。出了小学堂，我曾经有一整年时间，躲在光线暗弱的楼棚角圈诵读着《唐宋诗醇》、《国朝六家诗钞》和《八家四六文选》等。

进了中学校我的兴趣却稍稍转变了，尽管书案上还放着《禅月集》、《渔洋精华录》，可是更迷惑我的，却是赫克尔的《宇宙之谜》（“一元哲学”），克鲁泡特金的《互助论》和罗素的《哲学问题》等。往后有一个相当长的时期，我的诵读的主要对象是神话学、民俗学、土俗志、人类学和宗教学等。在这方面，我杂读了欧美和日本的好些名著。这个时期，我的阅读，多少是有意识的。因为我妄想在民俗学和民间文艺学方面建立自己的学绩。

自从日本侵略的铁骑闯进国门以后，辛辛苦苦搜集的许多图书、资料丢散了，生活的安定失去了。因为战斗情绪的昂扬，我暂时走出了书斋，去做谈政治、写宣言的工作。可是“英雄梦不许诗人做”，书呆子到底只合回到书斋去。因为过去那种学问上的野心，一时挨战火烧毁了，而教的又总是文艺方面的功课，这时候，我重新细心地研读起《文心雕龙》《艺术哲学》《拉奥孔》《从社会学观点看的艺术》《科学的艺术论》等。身边尽管还带着布鲁的《原始人心理的机能》一类的名著，可是已经很少打开来读了。

粗粗的回顾一下，我过去诵读书籍的杂乱就很明白了。我为什么不能够专心些呢？假如我一向就把精力集中在文艺理论或文学作品上，现在不是该有比较满意的一点成就么？这是我近年有时候要在心上浮起的感叹。可是认真想起来，过去的杂乱诵读也不是完全白费金钱和脑力的。比如我现在对于文学的起源、文学的功利性以及民众创作力等的认识，能够比较深入一些，这多少就靠了过去对于原始艺术和民间文艺多用了一点工夫。那些民俗学、人类学和土俗志的名著并不是白读的。如果当年不诵读那些书籍，也许在别的点上可能比较有些心得，可是在这方面却未必有现在的收获了。幸和不幸，往往是互相倚伏的。

现在一般谈到读书方法的人，大都主张要有计划。比如一说，某些入门书应该先读，某些比较深沉的著作应该放在后面。某些书是一定要读的，某些则可以不读，或者根本不该提到它。我们读书正像造房子或缝衣服一样，要有一定的选择和工作的程序。这种说法自然很有道理。能够照着做去，成绩也许会很显著。可是，就我个人的经验说，却不是这样循规蹈矩的。我已经提过，我的读书趋向并不是很固定的。在这个时期这类的书是我的女皇；在另一个时期里，她可能已经变成弃儿，而另一类的东西完全代替了她的地位。和这相像，我的诵读某一类书也并不是怎样严密计划过的。有时候我的心意忽然整饬起来，要给自己的诵读一个“理想的”程序。开起书单，规定进展，好像一定会照着实行的样子。可是，结果呢，事实和理想总是差得很远。这自然要怪我的毅力不够，或者客观的条件不凑巧，而我的不规矩的读书法，也没有疑问是有毛病的。

可是，我多少有点怀疑，读书究竟和造房子之类比较机械的工作，在性质上是否“完全”一样？读书是一种偏于心理的活动，它该有它相对的自己的规律。事实上，我们预定要读的，往往倒没有去过眼。那些由于偶然的兴味或者迫于某种特殊需要去读的，却占着很大数目。在效果上，我们也不能够说后者定不如前者。平心地检查起来，我自己倒是从后者得到许多好处的。例如我因为研究民俗，就自然地读起先史学、考古学和宗教学一类的书来。而这方面的阅读，并不一定是由浅入深，或者非名著不读的。又因为对于涂尔干的《宗教生活的雏形》感兴趣，就尽量搜读着他的（连到他那一派的）社会学的许多著作。这种“瓜蔓式”的读书法，也许有不

少浪费或危险。可是，我们也不能够太看轻它的自然性和可能的益

处。我决不反对有计划的阅读，只以为它不一定是唯一的道路。许多在学问上有成就的人，恐怕未必只是从那条路上走过来的。

（钟敬文著，《沧海潮音》，黑龙江人民出版社2002年1月）

【选文助读】

在钟敬文看来，读书首先要选择自己有兴趣的内容。他认为最让人容易快乐的书便是诗集或诗论，因为读起来心理上产生的抵抗力最少。在阅读自己喜好的书籍基础上他很轻松地养成了对读书的兴趣和习惯。钟敬文围绕着自己读书的兴趣所在，“从古近体诗到小令散曲，从白居易、苏东坡、陈简斋到惠特曼、卡彭脱、马雅科夫斯基，从《石林诗话》、《说诗晬语》到亚里士多德的《诗学》、波亚罗的《诗艺术》、会田毅的《转型期的诗论》……”阅读的内容囊括古今中外，五光十色。其次是跟随着兴趣，由博入专。中学时候，钟敬文的兴趣转移至读神话学、民俗学、土俗志、人类学和宗教学等方面的书。在这方面，他广泛地进行杂读，主要是欧美和日本的名著。这个时期，他的阅读也是围绕着自己有兴趣的民俗学和民间文艺学方面，且打算在这方面作出成绩。有人说读书要像造房子或缝衣服一样有一定的选择和工作的程序。而他认为照着这样去做，成绩也许会很显著。但是那并不是唯一的道路。偶

然的兴味或者迫于某种特殊需要去读的往往能带来更大的影响。坚持“精读主义”也是钟敬文的读书妙法。多遍诵读已经读过的好书就如同和老朋友面谈一般，那种味道是从新交那里不能得来的。重温好书，对我们的人生修养和学艺精进是最有帮助的。

第十五节
钱歌川《读书的习惯》（节选）

读书的条件，就在养成读书的习惯，其余皆不足道。

【作者简介】

钱歌川(1903年—1990年)，原名慕祖，笔名歌川、味橄等，湖南湘潭人。我国著名的散文家、翻译家。毕业于长沙明德中学，1920年赴日留学。1930年进上海中华书局做编辑。1936年往英国伦敦大学研究英美语言文学。曾任教于台湾大学、新加坡义安学院、新加坡大学、南洋大学。有《翻译漫谈》《翻译的技巧》《英文疑难详解》《地狱》《安娜哀史》《娱妻记》等译作。著有《近代文学之特征》《钱歌川散文全集》《英美采风录》等书。《读书的习惯》是钱歌川关于读书习惯养成的体悟。

【选文呈现】

人类的知识大都是从眼睛输入的，用耳朵听来的东西，毕竟有限，所谓耳食者流所得到的知识，不外乎是一些道听途说。学生治学，固然要听，但是更重要的还是在读。英国大学里有些学校终年不去听讲，学校里也让他们如此，而且多认为他们是优秀学生，考试起来果然比每天去听讲的学生成绩还要好，因为勤读胜于勤听，名师讲授，同学共享，只有自修，才是一人独得。

古今的大学者没有不勤读的，囊萤凿壁，比我们现在的一灯如豆，还要不方便得多，但学问就是这样得来。苏东坡说："读破万卷自通神"，可见学问并不难，只在多读，你如果手不释卷，必然会有成就，甚至偶然翻阅，也会开卷有益。

可是现在很少有人手上拿着书本。终日终夜，不理牌桌的人，我曾见到过，废寝忘餐，手不释卷的人，却尚未遇到。一般人买书，大都是拿来做装饰品的，永远陈列在书架上，很少拿到手中来读。这些书要他们去读，条件很多，第一得有明窗净几，其次得有清闲，再次得有心情；地方不好不能读书，时间不长不能读书，心情不定也不能读书。懒学生还有一首解嘲的打油诗：春来不是读书天，夏日炎炎很好眠，秋多蚊虫冬多雪，一心收拾到明年。

阔公子有了明窗净几，又有的是清闲，但还是不能读书，因为他没有那种心情；穷小子终日忙于做工糊口，也没有时间读书。军人忙于打仗，商人忙于赚钱，政客忙于酬应，男子忙于做事，女子忙于说话，少年忙于寻乐，老人忙于怀旧，甚至闲人也忙于逛街，或坐茶馆，或凑热闹，似乎谁都不能读书。其实，他们并不是不能读书，而只是不去读书罢了。要读书谁都可以读，决不受任何限制，读书的条件，就在养成读书的习惯，其余皆不足道。

一般人为着生活关系，没有充分的时候去读书，这也是实在的情形，除了少数有闲阶级的阔人以外，谁都不免要为名利，或至少为衣食而终日奔走忙碌，如果一定要等到把生活问题解决了，闲居无所事事，然后再来从容读书，这无异待河之清，可说永远无此机会。因为人的欲望无穷，等到生活问题，在布衣粗食之下可以解决的时候，他又想到美食暖衣，朱门绣户，即令有了丰衣足食，华屋良田，他仍然不肯罢休。所谓水涨船高，生活的标准既然随时有变，这问题也就永远不能解决了。我认为要读书决不可等待那种无尽悠闲的到来才开始，应该随时随地利用空余的时间来读，把那种读书的习惯，直入我们的生活中去，作为我们日常工作的调剂品，那么，事也做了，书也读了，一点光阴也没有虚掷。

你不要以为5分钟做不了什么事，把100个5分钟集起来，就差不多等于一个整天。我常听见山与支架的人说，爱惜厨房里一粒米，就可以成为一笔家产。我们利用5分钟的余暇去读书，也就可以成为一个学者。

利用余暇去读书是轻而易举的，大家之所以不这样做，仅是因为没有这种习惯而已。英国人在电车上读书的风气很盛，每天都要出外工作，起码有一个钟头在电车上，预备一本书专门在车上读，不过几天也就读完了，日积月累，一年读四五十本书，也不算稀奇。我们对于这种废时不去利用，实在未免可惜。

……

（钱歌川著，《冬天的情调》，内蒙古人民出版社1998年）

【选文助读】

勤读是胜于勤听的，名师讲授固然有益，但只有自修才是一人独得，个人的勤读是非常必要的。钱歌川认为做学问并不难，只在于要多读书。倘若每天手不释卷，就必然会有成就，甚至偶然翻阅，也能够开卷有益。读书对于任何人来说都不是一件难事，要读书谁都可以去读，决不受任何限制。而读书所需要的条件，除了养成读书的习惯，其余都不足道。要读书就应该随时随地利用空余的时间来读，决不能等到自己感觉有无尽悠闲的时候才开始。养成“手不释卷”的读书习惯，将它贯穿到生活中，作为工作生活的调剂品，既读了书，又做了事，如此才能使光阴不虚度。

第十六节
朱湘《书》

不如趁着眼睛还清朗，鬓发尚未成霜，多读一读“人生”这本书罢!

【作者简介】

朱湘(1904年—1933年)，字子沅，生于湖南沅陵，父母早逝。1921年在清华学习，艺术天分崭露，是清华的四个学生诗人之一。1925年出版第一本诗集《夏天》。1926年自办刊物《新文》，1927年出版第二本诗集《草莽》。1927年9月留学美国，留学期间因教授读一篇有把中国人比作猴子内容的文章而愤然离开劳伦斯大学，后转入芝加哥大学。回国后，在安徽大学任英文系主任，与校方不和，加之日益激化的家庭矛盾，朱湘于1933年12月5日从上海到南京的客轮上自溺而亡。著有《夏天》《石门集》《文学闲谈》《永言集》等作品，译著有《英国近代小说集》《番石榴集》等。《书》以诗意的语言抒写了作者对书的喜爱。

【选文呈现】

拿起一本书来，先不必研究它的内容，只是它的外形，就已经很够我们赏鉴的了。

那眼睛看来最舒服的黄色毛边纸，单是纸色已经在我们的心目中引起一种幻觉，令我们以为这书是一个逃免了时间之摧残的遗民。他所以能幸免而来与我们相见的这段历史的本身，就已经是一本书，值得我们思索、感叹，更不需提起它的内含的真或美了。

还有那一个个正方的形状，美丽的单字，每个字的构成，都是一首诗；每个字的沿革，都是一部历史。飙是猎犬风一般快地驰过，嗅着受伤之兽在草中滴下的血腥，顺了方向追去，听到枯草飒索地响，有如秋风卷过去一般。昏是婚的古字：在太阳下了山，对面不见人的时候，有一群人骑着马，擎着红光闪闪的火把，悄悄向一个人家走近。等到了竹篱柴门之旁的时候，在狗吠声中，趁着门还未闭，一声喊齐拥而入，让新郎从打麦场上挟起惊呼的新娘打马而回。同来的人则抵挡着新娘的父兄，作个不打不成交的亲家。

印书的字体有许多种：宋体挺秀有如柳字，麻沙体夭矫有如欧字，书法体娟秀有如褚字，楷体端方有如颜字。楷体是最常见的了。这里面又分出许多不同的种类：一种是通行的正方体；还有一种是窄长的楷体，棱角最显；一种是扁短的楷体，浑厚颇有古风。还有写的书：或全体楷体，或半楷体，它们不单看来有一种密切的感觉，并且有时有古代的写本，很足以考证今本的印误，以及文字的假借。

如果在你面前的是一本旧书，则开章第一篇你便将看见许多朱色的印章，有的是雅号，有的是姓名。在这些姓名别号之中，你说不定可以发现古代的收藏家或是名倾一世的文人，那时候你便可以让幻想驰骋于这朱红的方场之中，构成许多飘渺的空中楼阁来。还有那些朱圈，有的圈得豪放，有的圈得森严，你可以就它们的姿态，以及它们的位置，悬想出读这本书的人是一个少年，还是老人；是一个放荡不羁的才子，还是老成持重的儒者。你也能借此揣摩出这主人翁的命运：他的书何以流散到了人间?是子孙不肖，将他舍弃了?是遭兵逃反，被一班庸奴偷窃出了他的藏书楼?还是运气不好，家道中衰，自己将它售卖了，来填偿债务，或是支持家庭?书的旧主人是这样。我呢?我这书的今主人呢?他当时对着雕花的端砚，拿起新发的朱笔，在清淡的炉香气息中，圈点这本他心爱的书，那时候，他是绝想不到这本书的未来命运。他自己的未来命运，是个怎样的结局；正如这现在读着这本书的我，不能知道我未来的命运将要如何一般。

更进一层，让我们来想像那作书人的命运：他的悲哀，他的失望，无一不自然地流露在这本书的字里行间。让我们读的时候，时而跟着他啼，时而为他扼腕叹息。要是不幸上再加上不幸，遇到秦始皇或是董卓，将他一生心血呕成的文章，一把火烧为乌有，或是像《金瓶梅》《红楼梦》《水浒》一般命运，被浅见者标作禁书，那更是多么可惜的事情啊!

天下事真是不如意的多。不讲别的，只说书这件东西，它是再与世无争也没有的了，也都要受这种厄运的摧残。至于那琉璃一般脆弱的美人，白鹤一般兀傲的文士，他们的遭忌更是不言可喻了。试想含意未伸的文人，他们在不得意时，有的樵采，有的放牛，不仅无异于庸人，并且备受家人或主子的轻蔑与凌辱。然而他们天生得性格倔强，世俗越对他白眼，他却越有精神。他们有的把柴挑在背后，拿书在手里读；有的骑在牛背上，将书挂在牛角上读；有的在蚊声如雷的夏夜，囊了萤照着书读；有的在寒风冻指的冬夜，拿了书映着雪读。然而时光是不等人的，等到他们学问已成的时候，眼光是早已花了，头发是早已白了，只是在他们的头额上新添加了一些深而长的皱纹。

咳！不如趁着眼睛还清朗，鬓发尚未成霜，多读一读“人生”这本书罢!

（朱湘著,《朱湘精品选》,中国书籍出版社2014年6月）

【选文助读】

在诗人朱湘的眼里，书本身便是一首隽美、可爱的诗。先不论足够我们赏鉴的外形，单是作为逃免了时间之摧残的遗民，书就足以让我们思索、感叹，更不需提起它内含的真与美了。书中的单字是美丽的。“每个字的构成，都是一首诗。每个字的沿革，都是一部历史”；书中的字体也是美丽的。有的挺秀、有的夭矫、有的娟秀、有的浑厚，不同的字体风味迥异，给人以无限关于美的感慨；书所蕴含的故事也是美丽的。如果是一本旧书，借印章、批注来揣摩主人的命运与经历，感慨在读着这本书的自己又将会何去何从。甚至更进一层的去想像那作书人的命运，从这本书的字里行间感受他的悲哀，他的失望。“时而跟着他啼，时而为他扼腕叹息”，书如同琉璃一般脆弱的美人又似白鹤一般兀傲的文士，让人为之感慨、迷醉、怜惜。

第十七节
杨绛《读书苦乐》

书的境地，包罗万象，贯通三界。

【作者简介】

杨绛（1911年—2016年），生于北京，本名杨季康，江苏无锡人。1928年，求学于苏州东吴大学。1932年，从苏州东吴大学到清华大学借读。1935年，杨绛与丈夫钱钟书同赴英国、法国留学。

1938年回国后，历任上海震旦女子文理学院外语系教授、清华大学西语系教授。杨绛是中国著名的作家、戏剧家、翻译家。著有《干校六记》《洗澡》《我们仨》《将饮茶》《记钱钟书与〈围城〉》《回忆我的姑母》等作品。杨绛通晓英语、法语、西班牙语，有《堂吉诃德》《吉尔·布拉斯》等译著，由她翻译的《堂吉诃德》被公认为最优秀的翻译佳作。被誉为“世纪的奇女子”。《读书苦乐》是杨绛关于读书的认知与体悟。

【选文呈现】

读书钻研学问，当然得下苦功夫。为应考试、为写论文、为求学位，大概都得苦读。陶渊明好读书。如果他生于当今之世，要去考大学，或考研究院，或考什么“托福儿”，难免会有些困难吧?我只愁他政治经济学不能及格呢，这还不是因为他“不求甚解”。

我曾挨过几下“棍子”，说我读书“追求精神享受”。我当时只好低头认罪。我也承认自己确实不是苦读。不过，乐在其中并不等于追求享受。这话可为知者言，不足为外人道也。

我觉得读书好比串门儿——“隐身”的串门儿。要参见钦佩的老师或拜谒有名的学者，不必事前打招呼求见，也不怕搅扰主人。翻开书面就闯进大门，翻过几页就升堂入室；而且可以经常去，时刻去，如果不得要领，还可以不辞而别，或者另找高明，和他对质。不问我们要拜见的主人住在国内国外，不问他属于现代古代，不问他什么专业，不问他讲正经大道理或聊天说笑，都可以挨近前去听个足够。我们可以恭恭敬敬旁听孔门弟子追述夫子遗言，也不妨淘气地笑问“言必称‘亦曰仁义而已矣’的孟夫子”，他如果生在我们同一个时代，会不会是一位马列主义老先生呀？我们可以在苏格拉底临刑前守在他身边，听他和一位朋友谈话；也可以对斯多葛派伊匹克悌忒斯(Epictitus)的《金玉良言》产生怀疑。我们可以倾听前朝列代的遗闻逸事，也可以领教当代最奥妙的创新理论或有意惊人的故作高论。反正话不投机或言不入耳，不妨及早抽身退场，甚至砰一下推上大门，就是说，拍地合上书面谁也不会嗔怪。这是书以外的世界里难得的自由!

壶公悬挂的一把壶里，别有天地日月。每一本书不论小说、戏剧、传记、游记、日记，以至散文诗词，都别有天地，别有日月星辰，而且还有生存其间的人物。我们很不必巴巴地赶赴某地，花钱买门票去看些仿造的赝品或“栩栩如生”的替身，只要翻开一页书，走入真境，遇见真人，就可以亲亲切切地观赏一番。

说什么“欲穷千里目，更上一层楼”!我们连脚底下地球的那一面都看得见，而且顷刻可到。尽管古人把书说成“浩如烟海”，书的世界却是真正的“天涯若比邻”，这话绝不是唯心的比拟。世界再大也没有阻隔。佛说“三千大千世界”，可算大极了。书的境地呢，“现在界”还加上“过去界”，也带上“未来界”，实在是包罗万象，贯通三界。而我们却可以足不出户，在这里随意阅历，随时拜师求教。谁说读书人目光短浅，不通人情，不关心世事呢！这里可得到丰富的经历，可认识各时各地、多种多样的人。经常在书里“串门儿”，至少也可以脱去几分愚昧，多长几个心眼儿吧？我们看到道貌岸然、满口豪言壮语的大人先生，不必气馁胆怯，因为他们本人家里尽管没开放门户，没让人闯入，他们的亲友家我们总到过，认识他们虚架子后面的真嘴脸。一次我乘汽车驰过巴黎塞纳河上宏伟的大桥，我看到了栖息在大桥底下那群拣垃圾为生、盖报纸取暖的穷苦人。不是我眼睛能拐弯儿，只因为我曾到那个地带去串过门儿啊。

可惜串门儿只能“隐身”，“隐”而犹存的“身”毕竟只是凡胎俗骨。我们没有如来佛的慧眼，把人世间几千年积累的智慧一览无余，只好时刻记住庄子“生也有涯而知也无涯”的名言。我们只是朝生暮死的虫豸，钻入书中世界，这边爬爬，那边停停，有时遇到心仪的人，听到惬意的话，或者对心上悬挂的问题偶有所得，就好比开了心窍，乐以忘言。这个“乐”和“追求享受”该不是一回事吧?

（杨绛著,《杨绛全集 3 散文卷》，人民文学出版社2014年8月）

【选文助读】

在杨绛看来，读书实在是一件乐事。第一，读书就好比“隐身”的串门儿。在书中我们可以随意的参见钦佩的老师或拜谒有名的学者，可以经常去，时刻去，如果读书时不得要领，还可以不辞而别，或者另找高明。不用考虑我们要拜见的主人住在国内国外、他属于现代古代、什么专业……我们大可以挨近前去听个足够。在书中，我们可以旁听孔夫子遗言，可以与孟夫子笑谈，可以和苏格拉底相伴，也可以思考怀疑斯多葛派伊匹克悌忒斯的《金玉良言》。可以倾听前朝的遗闻逸事，也可以领教当代的创新理论或故作高论。在话不投机或言不入耳时，大可以抽身退场，砰的关上大门，也就是拍地合上书面。没有谁会嗔怪，这便是只有读书能带来的现实世界以外的难得自由！第二，书里还别有天地。无论是小说、戏剧、传记、游记、日记，甚至散文诗词，每一本书都别有天地，别有日月星辰，生存其间的人物让人感到“天涯若比邻”。书里的天地不仅包括“现在界”“过去界”还有“未来界”，实在是包罗万象。在书的世界中，我们可以足不出户的随意阅览、拜师求教，丰富自己的识见。第三，读书让人乐以忘言。人的生命如此短暂，何不做一只在书的世界自由爬行的虫子？书中遇到的心仪的人、偶得的妙语和智慧都能够为生命涂上美丽的色彩。

第十八节
季羡林《天下第一好事，还是读书》

书籍是贮存人类代代相传的智慧的宝库。

【作者简介】

季羡林(1911年—2009年)，字希逋，又字齐奘，中国山东省聊城市临清人。国际著名东方学大师、语言学家、文学家、国学家、佛学家、史学家、教育家和社会活动家。1934年，毕业于清华大学西洋文学系。历任中国科学院哲学社会科学部委员、聊城大学名誉校长、北京大学副校长、中国社会科学院南亚研究所所长，是北京大学的终身教授。有《中印文化关系史论丛》《印度简史》《大唐西域记校注》等学术著作。译著有《安娜·西格斯短篇小说集》《沙恭达罗》《五卷书》等。被奉为“国学大师”“学界泰斗”。《天下第一好事，还是读书》中季羡林对读书为什么是天下第一好事作出了解读并对“读书无用论”进行了批驳。

【选文呈现】

古今中外赞美读书的名人和文章，多得不可胜数。张元济先生有一句简单朴素的话："天下第一好事，还是读书。""天下"而又"第一"，可见他对读书重要性的认识。

为什么读书是一件"好事"呢?

也许有人认为，这问题提得幼稚而又突兀。这就等于问"为什么人要吃饭"。因为没有人反对吃饭，也没有人说读书不是一件好事。

但是我却认为，凡事都必须问一个"为什么"，事出都有因，不应当马马虎虎，等闲视之。现在就谈一谈我个人的认识，谈一谈读书为什么是一件好事。

凡是事情古老的，我们常常说"自从盘古开天地"。我现在还要从盘古开天地以前谈起，从人类脱离了兽界进入人界开始谈。人成了人以后，就开始积累人的智慧。这种智慧如滚雪球，越滚越大，也就是越积越多。禽兽似乎没有发现有这种本领，一只蠢猪一万年以前是这样蠢，到了今天仍然是这样蠢，没有增加什么"智慧"。人则不然，不但能随时增加智慧，而且根据我的观察，增加的速度越来越快，有如物体从高空下坠一般。到了今天，达到了知识爆炸的水平。最近一段时间以来，"克隆"使全世界的人都大吃一惊。有的人竟忧心忡忡，不知这种技术发展伊于胡底。信耶稣教的人担心将来一旦"克隆"出来了人，他们的上帝将向何处躲藏。

人类千百年以来保存智慧的手段不出两端：一是实物，比如长城等等；二是书籍。以后者为主。在发明文字以前，保存智慧靠记忆；文字发明了以后，则使用书籍。把脑海里记忆的东西搬来，搬到纸上，就形成了书籍。书籍是贮存人类代代相传的智慧的宝库。后一代的人必须读书，才能继承和发扬前人的智慧。人类之所以能够进步，永远不停地向前迈进，靠的就是能读书又能写书的本领。我常常想，人类向前发展，有如接力赛跑。第一代人跑第一棒，第二代人接过棒来跑第二棒，以至第三棒、第四棒，永远跑下去，永无穷尽。这样智慧的传承也永无穷尽。这样的传承靠的主要就是书。书是事关人类智慧传承的大事。这样一来。读书不是“天下第一好事”又是什么呢?

但是，话又说了回来，中国历代都有“读书无用论”的说法。读书的知识分子，古代通称为“秀才”，常常成为取笑的对象。比如说什么“秀才造反，三年不成”，是取笑秀才的无能。这话不无道理。在古代——请注意，我说的是“在古代”，今天已经完全不同了——造反而成功者几乎都是不识字的痞子流氓。中国历史上两个马上皇帝、开国“英主”，刘邦和朱元璋，都属此类。诗人只有慨叹“可惜刘项不读书”。“秀才”最多也只有成为这一批地痞流氓的“帮忙”或者“帮闲”。帮不上的，就只好慨叹“儒冠多误身”了。

但是，话还要再说回来，中国悠久的、优秀的传统文化的传承者，是这一批地痞流氓，还是“秀才”？答案皎如天日。这一批“读书无用论”的现身“说法”者的“高祖”、“太祖”之类，除了镇压人民剥削人民之外，只给后代留下了什么陵之类，供今天搞旅游的人赚钱而已。他们对我们国家竟无贡献可言。

总而言之，“天下第一好事，还是读书”。

（兰东辉主编，《中外名家经典作品选·读书卷》，
当代世界出版社2012年7月）

【选文助读】

张元济先生说：“天下第一好事，还是读书。”，季羡林先生也如此认为。读书为什么是“天下第一好事”呢？人类千百年以来用以保存智慧的手段一是实物，比如长城等等。二就是书籍，且以后者为主。书籍是人类用以贮存代代相传的智慧的宝库。读书能够让后一代的人继承和发扬前人的智慧。人类之所以能够永远不停地向前迈进，靠的就是能读书又能写书的本领。书是事关人类智慧传承的大事，读书则是“天下第一好事”。所谓的“读书无用论”不过是不喜读书的人的毫无价值的言论罢了，读书的益处是无法言尽的。

第三章
当代名人谈阅读

【导语】

1949年新中国成立之后，百业待兴。在繁荣文化事业方面，毛泽东于1956年正式提出“百花齐放、百家争鸣”双百方针。但随着“反右运动”和“文化大革命”的到来，双百方针在中共十一届三中全会之前没有得到认真贯彻。1956年知识青年上山下乡运动与1966年5月16日至1976年10月发生的“文化大革命”这两件与知识分子紧密相关的事件在这一时期知识分子们的思想上留下了深刻的印记。本章所选取的十八位当代名人在谈及自己读书历程时大多提到了在“上山下乡”或“文革”期间关于读书的回忆。如黄永玉在“文化大革命”时因曾经兴起在书中做的学究气批注而吃了些苦头，冯骥才家中藏书千余被洗劫一空，陆星儿在北大荒时让书帮自己抓住生命、赵丽宏上山下乡时书改变了他的生活、“文革”结束了莫言童年时期的读书故事等。正是在当时的社会政治环境的影响下，读书变成了一件非常难得的事，在无书可读的日子里，人们更深切地感受到了书籍对于生命的重要和宝贵，“一部好书，的确能抓住生命，或赋予生命以活力”。除了时代赋予的这一时期读书活动的一抹亮色之外，一些文坛名人所提及的读书妙法也将给我们带来强烈的冲击和深刻的启迪，如刘心武的“见缝插针”读书法、余秋雨的“扔书”法、易中天的“分时”读书法、陈平原的“拒做书奴”法等，不仅让人耳目一新，且使人受益匪浅。随着时代的发展，现在可供人们阅读的书籍类型日益丰富，范围也不断扩展，在众多的文艺作品中进行精选能够帮助读者获得更好的读书体验。

第一节

黄永玉《书和回忆》

读书能使人的思想有节奏感，有灵活性。

【作者简介】

黄永玉，笔名黄杏槟、黄牛、牛夫子，1924年出生于湖南省凤凰县，土家族人，受过小学和不完整初级中学教育。家境贫苦，12岁就外出做童工谋生，后来辗转到上海、台湾和香港。14岁开始发表作品，独具风格的版画作品享誉国内外。16岁开始以绘画及木刻谋生。黄永玉1952年偕同夫人张梅溪由香港回北京，被安排在中央美术学院工作。先后担任副教授、教授、中国美术家协会副主席、中国国家画院版画院院长。木刻作品有《春潮》《百花》《人民总理人民爱》《齐白石像》《阿诗玛》等。国画作品有《鸡鸣》《鹭鸶荷花》《仙鹤图》《重彩花鸟》等。出版有《黄永玉木刻集》《黄永玉画集》等。《书和回忆》是记叙了黄永玉关于读书的体会。

【选文呈现】

我从小不是个喜欢读书的孩子。幸好当时的先生颇为开通，硬灌了一些四书五经和其他文学历史基础知识，并经常带我们到郊外检验自然界和书本记载间的距离，提高了兴趣。

自然，我们那儿的老人和孩子对一切事物都有好奇的兴趣，性格既幽默且开朗，行为标准认真而对人却极宽容大度，使我们这些在外面混生活的人先天得到一些方便。

一上中学就碰到历时八年的抗日战争。幼小的年龄加上远离故乡形成的孤凄性格，使我很快地离开了正式的学校。以后的年月只能在物质和精神生活两方面自己照顾自己。

如果说我一生有什么收获和心得的话，那么，一，碰到许许多多的好人；二，在颠沛的生活中一直靠书本支持信念。

鲁迅先生的一句话给了我不少启发，“多读外国书少读中国书”。他的意义我那时即使年轻也还是懂得的。他的修养本身就证明不会教人完全不理会中国书本。他曾经说过，“少读中国书不过不能为文而已”。何况中国书中除了为文的用处之外，还有影响人做坏事、落后的方面与教人通情达理做好事、培养智慧的方面。我还是读了不少翻译家们介绍过来的外国书。

和一个人要搞一点体育活动一样，打打球，游游泳，跳跳舞，能使人的行为有节奏的美感，读书能使人的思想有节奏感，有灵活性。不那么干巴巴，使尽了力气还拐不过弯来。读一点书，思考一点什么问题时不那么费力，而且还觉得妙趣横生。

我很佩服一些天分很高的读书人。二十年前的一个礼拜天，我到朋友家去做客，一进门，两口子各端一本书正在埋头精读，两个孩子一男一女也各端一本书在埋头精读。屋子里空荡荡，既无书架，也无字画；白粉墙连着白粉墙。书，是图书馆借来的，看完就还，还了再借。不记笔记，完全储存脑中。真令人惊奇，他们两口子写这么多的书完全是这种简朴方式习惯的成果。

一次和他俩夫妇在一家饭馆吃饭，他知道我爱打猎，便用菜单背面开了几十本提到打猎的旧书目，标明卷数和大约页数。

我不行，记性和他们差得太远；尤其是枯燥的书籍，赌咒、发誓、下决心，什么都用过，结局总跟堂吉诃德开始读那篇难懂的文章一样，纠缠而纷扰，如堕五里雾中。

我知道这方面没出息，因此读书的风格自然不高。

我喜欢读书，遇到没听过、没见过的东西便特别高兴，也不怎么特别专心把它记下来，只是知道它在那本书里就行。等到有朝一日真正用得着的时候，再取出来精读或派点用场。

我不习惯背诵，但有的句子却总是牢牢地跟着我走，用不着害怕跑掉的。比如说昆明大观楼的那对长联，尤其是那几句“汉习楼船，唐标铁柱，宋挥玉斧，元跨革囊……”、“东骧神骏，西翥灵仪，南翔稿素，北走蜿蜒”；还有什么李清照的“被翻红浪……”，柳永描写霓虹的句子……读得高兴，便在书楣上写出自己的联想和看法，明知道这是很学究气的东西，没想到“文化大革命”时很为它吃了些苦头。

我有许多值得骄傲的朋友，当人们夸奖他们的时候，我也沾了点愉快的光。

遇在一起，大部分时间谈近来读到的好文章和书，或就这个角度诙谐地论起人来。听别人说某个朋友小气，书也不肯借人等等；在我几十年的亲近，却反而觉得这朋友特别大方，肯借书给我。大概是我借人的书终究会还，而他觉得这朋友要人还书就是小气罢了！

一九八一年三月

（选自《读书》，1981年06期）

【选文助读】

黄永玉认为自己在颠沛的生活中是一直靠书本来支持信念，书本是他的精神生活。他的读书观深受鲁迅先生影响，鲁迅认为“多读外国书少读中国书”“少读中国书不过不能为文而已”。在黄永玉看来，中国书中除了为文的用处之外，还有影响人做坏事、落后的方面与教人通情达理做好事、培养智慧的方面。除了读一些中国书外，他还读了不少翻译家们介绍过来的外国书，他喜欢读书，对书中的新鲜内容非常感兴趣，读的过程当中不会特别专心把它记下来，只是知道在那本书里就行，等到用得着的时候，再取出来精读。广博的阅读和精读相结合对读书是非常有益的。它能够能使人的思想具有节奏感，更加的灵活。不显得干巴巴，使尽了力气还拐不过弯来。它还可以让人思考问题时不那么费力，而且还觉得妙趣横生。

第二节
宗璞《恨书》

闭户遍读家藏书可谓是人生一乐。

【作者简介】

宗璞，原名冯钟璞， 1928年生于北京，著名哲学家冯友兰先生之女，当代著名作家。1946年入南开大学外文系，1948年转入清华大学外文系。曾就职于中国文联及编辑部、中国社会科学院外国文学研究所。1948年开始发表作品，成名作为1957年的短篇小说《红豆》。代表作有《铁箫人语》《A.K.C》《寻月集》《红豆》《宗璞散文小说选》《丁香结》《南渡记》《我是谁》等。《恨书》写了宗璞对书的矛盾情感。

【选文呈现】

一次我从外面回来，见我们的图书馆长正在门前处理旧书。我稍一拨弄，竟发现两本“丛书集成”中的花卉书。要知道丛书集成约四千本一套，少了两本便是残书！

写下这个题目，自己觉得有几分吓人。书之可宝可爱，尽人皆知，何以会惹得我恨？有时甚至是恨恨不已，恨声不绝，恨不得把它们都扔出去，剩下一间空荡荡的屋子。

显而易见，最先的问题是地盘问题。老父今年九十岁了，少说也积了七十年书。虽然屡经各种洗礼，所藏还是可观。原先集中摆放，一排一排，很有个小图书馆的模样。后来人口扩张，下一代不愿住不见阳光的小黑屋，见“图书馆”阳光明媚，便对书有些怀恨。“书都把人挤得没地方了。”这意见母亲在世时便有。听说有位老学者一直让书住正房，我这一代人可没有那修养了，以为人为万物之灵，书也是人写的，人比书更应该得到阳光空气，推窗得见的好景致。

后来便把书化整为零，分在各个房间。于是我的斗室也摊上几架旧书，列子、抱朴子、亢仓子、淮南子、燕丹子……它们遥远又遥远，神秘又无用。还有皇清经解，想起来便觉得腐气冲天。而我的文稿札记只好塞在这些书缝中，可怜地露出一点纸边，几乎要遗失在悠久的历史的茫然里。

其次惹得人恨的是书柜。它们的年龄都已有半个世纪，有的

古色古香，上面的大篆字至今没有确解。这我倒并无恶感，糟糕的
是许多书柜没有拉手，当初可能没有这种“设备”（照说也不至于），以致很难开关，关时要对准榫头，关上后便再也开不开，每次都得起用改锥（那也得找半天）。可是有的柜门却太松，低头屈身，找下面柜中书时，上面的柜门会忽然掉下，啪的一声砸在头上，真把人打得发昏。岂非关系人命的大事！怎不令人怀恨！有时晚饭后全家围坐笑语融融之际，或夜深梦酣之时，忽然一声巨响，使人心惊胆战，以为是地震或某种爆炸，惊起或披衣起来查看，原来是柜门掉了下来！

其实这些都不是解决不了的问题，只因我理家包括理书无方，才因循至此。可是因为书，我常觉惶惶然。这种惶惶然的感觉细想时可分为二。一是常感负疚，一是常觉遗憾。确是无法解决的。

邓拓同志有句云：“闭户遍读家藏书。”谓是人生一乐。在家藏旧书中遇见一本想读的书，真令人又惊又喜。但看来我今生是不能有遍读之乐了。不要说读，连理也做不到。一因没有时间，忙里偷闲时也有比书更重要的人和事需要照管料理。二是没有精力，有时需要放下最重要的事坐着喘气儿。三是因有过敏疾病，不能接触久置积尘的书。于是大家推选外子为图书馆馆长。这些年我们在这座房子里搬来搬去，可怜他负书行的路约也在百里以上了。在每次搬动之余，也处理一些没有保存价值 的东西。一次我从外面回来，见我们的图书馆长正在门前处理旧书。我稍一拨弄，竟发现两本

“丛书集成”中的花卉书。要知道丛书集成约四千本一套，少了两本便是残书！我在怒火上升又下降之后，觉得他也太辛苦，哪能一本本都仔细看过。又怀疑是否扔去了珍贵的书，又责怪自己无能，没有担负起应尽的责任。如此怨天尤人，到后来觉得罪魁祸首都是书！

书还使我常觉遗憾。在我们磕头碰脑满眼旧书的居所中，常常发现有想读的或特别珍爱的书不见了。我曾遇一本英文的杨子，翻了一两页，竟很有诗意。想看，搁在一边，也找不到了。又曾遇一本陆志韦关于唐诗的五篇英文演讲，想看，搁在一边，也找不到了。后来大图书馆 中贴出这一书目，当然也不会特意去借。最令人痛惜的是四库全书中萧云从离骚全图的影印本，很大的本子，极讲究的锦面，醒目的大字，想细细把玩，可是，又找不到了！也许只在此山中，云深不知处？据图书馆长说已遍寻无着——总以为若是我自己找，可能会出现。但是总未能找，书也未出现。

好遗憾啊！于是我想，还不如根本没有这些书，也不用负疚，也没有遗憾。那该多么轻松。对无能如我者来说，这可能是上策。但我毕竟神经正常，不能真把书全请出门，只好仍时时恨恨，凑合着过日子。

是曰恨书。

（选自《出版参考》，2004年29期）

【选文助读】

宗璞先生在本文虽处处写“恨书”，我们读来发现其实处处透露着她“爱书”的情感。因为书，她常常感到惶惶然，一是常感负疚，一是常觉遗憾。负疚是因为不能“闭户遍读家藏书。”感受不到遍读之乐。觉遗憾是因为常常会发现有想读的或特别珍爱的书不见了，总未能找，书也未出现。于是干脆希望根本没有这些书，也不用负疚，也没有遗憾，所以生出了“恨书”的情感。这也正是宗璞对于书迷恋与依赖的表现。书是她生活的一部分，丰富了她的精神世界，带来了诸多趣味，当这些乐趣不能被最大可能的被实现时，便惹人懊恼。即使对书有着这种矛盾的情感，书依然是她不愿意割舍的伙伴。

第三节

王蒙《学习是我的骨头》

学习使我得到智慧得到光明。

【作者简介】

王蒙，男，1934年生于北京，河北南皮人，祖籍河北沧州。

他是中国当代作家、学者，曾为文化部部长、中国作家协会名誉主席，任解放军艺术学院、南京大学、浙江大学、上海师范大学、华中师范大学、新疆大学、新疆师范学院、中国海洋大学、安徽师范大学教授、名誉教授、顾问，中国海洋大学文新学院院长。著有长篇小说《青春万岁》《活动变人形》《恋爱的季节》《狂欢的季节》《失态的季节》等，中短篇小说集《小豆儿》《组织部来了个年轻人》《名医梁有志传奇》等百余部多种类型的作品，被称为使中国当代文学走向现代写作技巧的开拓者。《学习是我的骨头》是王蒙关于学习作用与意义的论述。

【选文呈现】

学习是我的骨头，学习是我的肉（材料与构成），学习是我的精气神，学习是我的追求、使命、奋斗。学习也是我的快乐、游戏、智力体操。学习是我的支撑，学习是永远不可战胜的堡垒，学习是我的永远的主动性积极性，学习是我的立于不败之地的保证。

学习是我的英勇和不露声色的对于邪恶的抵抗。正如思想是不可剥夺的，学习也是不受剥夺的。学习使我坚强如钢刀枪不入。你可以诬陷我剥夺我控制我的人身，你却无法限制我在闭目养神的时候背诵唐诗宋词英语十四行诗，你无法不准我随时复习外语单词，你无法剥夺我的思考回忆观察谛听，甚至谛听一个蠢货怎么样地自以为是胡说八道横行霸道滔滔不绝。这也是一种对于人性的探索和追问，是一种经验的体察，是一种学习。当一个家伙对你说不准学习的时候，这已经提供给你一个难得的人性恶的教材，这已经提供给你一个难得的人间喜剧，这已经解答了你长久以来未能解答的关于人可以多么蠢多么坏和蠢人坏人一旦暂时掌权会有怎么样的滑稽表演的问题。当然，你也应该尽量去了解这个坏人和蠢人的心理和动机，看看他究竟为什么那样的自以为是，那样的自鸣得意，从他身上得到借鉴，得到警惕，得到教训，见到坏人不要只考虑他的坏，也要反问自己换一种条件下自己会不会也做同样的或类似的坏事蠢事？还有自己有没有失误疏漏，给了他或她以可乘之机？

学习又是我与客观世界的和解、协调和沟通，通过学习，我发现了和珍视着现实条件具有的每一丝可能性，调动和利用一切积极因素，对这个世界有了更好的了解，像斯宾诺莎说的，不哭，不笑而要理解。在一切条件下使自己充实、向上、有意义，并从而摆脱了虚度年华的失望、痛苦和嗟叹。

所以学习使我乐观，学习使我总是有所收获，学习使我总是不至于悲观失望，学习使我谦虚，使我勇于并且惯于时时反省自查自律，叫做“学而后知不足”。如果自以为完美无缺，那就杜绝了学习的必要和可能。学习使我不至于先入为主，自吹自擂，关在小屋里称王称雄。学习还表示了我对于人类知性、对于智慧、对于文化、文明与科学也包括对于活生生的生活的尊重和向往。截至今日，我们的知识是很有限的，我们的理性常常陷于困境，我们的自以为是的智慧时而误导乃至自欺欺人，我们的生活里还充满着不尽如人意的方面。然而我们不能因此而摒弃文明、摒弃理性、摒弃人生，而是要尽其所能地从人类已有的文明中，从人类与自身的已有的智慧中，从各种活生生的人类图景、人生故事、人生经验中寻找接近真理、接近美善的前景。

学习又使我超越、超脱。学习是我遇事不仅仅关注一时一地的得失成败，而是把它作为一个学习的契机，学习的漫长过程的一个环节，每事问（包括自问），每事学，于是得到一种登高望远，气度从容的感受，得到一种曲曲折折走向光明的欢喜。

学习促使人采取一个更健康的态度和方略。批判是健康的批判而不是大言欺世。痛苦是有为的痛苦，不是类似吸毒的反应。鼓舞是健康的鼓舞，不是牛皮山响。成功是清醒的成功，不是范进中举。人生是明朗的人生，是明朗的航行，不是酸溜溜、阴森森、嘀嘀咕咕、磨磨唧唧的阴沟里的蠕动。学习使我得到智慧得到光明，如果没有一下子得到，那至少也是围绕着靠近着感受着智慧和光明。

（王蒙著,《王蒙的道理——我的人生哲学》，
安徽教育出版社2010年09月）

【选文助读】

在王蒙看来，于人生而言，学习是非常重要的。学习使人变得

更强健，它是人生的追求、使命、奋斗，能够使人立于不败之地。
它不受剥夺，是人的英勇和不露声色地对于邪恶的抵抗。学习使人变得更智慧，它能够建立起人与客观世界的和解、协调和沟通的桥梁。通过学习，人才能够发现和珍视现实条件，调动和利用一切积极因素，对这个世界进行更透彻的了解。学习使人心情愉悦，让人总是有所收获，因而促使人摆脱虚度年华的失望和痛苦。学习使人变得谦虚，勇于并且惯于时时反省自查自律，不断审视自己的不足并且想办法弥补。学习使人尊重和向往人类知性、智慧、文化、文明与科学，帮助人寻找接近真理、接近美善的前景。学习又使人拥有一种登高望远，气度从容的感受，让人变得超越、超脱。学习让人感受着智慧和光明，只有主动地不断去学习，人生才能变得充实且完满。

第四节
袁行霈《书趣》（节选）

做研究还得靠图书馆，个人的书远远不够。

【作者简介】

袁行霈，字春澍，1936年生于济南，江苏武进人。当代著名古典文学专家。1953年袁行霈考入北京大学中文系。1957年北大中文系毕业留校任教。1992年，袁行霈兼任北京大学中国传统文化研究中心主任、《国学研究》主编。2000年又出任北京大学国学研究院院长。2006年1月18日，被聘为中央文史研究馆馆长。现任北京大学中国传统文化研究中心主任、《国学研究》年刊主编、北京大学校务委员会委员、人文学部主任。学术著作有《陶渊明集笺注》《中国诗歌艺术研究》《中国文学概论》《陶渊明研究》《中国文学史纲要》《中国诗学通论》等。《书趣》中主要记叙了袁行霈在图书馆阅读时得到的乐趣。

【选文呈现】

……

1953年我考入北大，经常钻图书馆，这才日益体验了书趣。当时的图书馆在办公楼南侧，负责出纳的馆员，论年纪有的是师辈，和蔼可亲，颇有书卷气。递上索书条，略等片刻，书已到手。书库在楼上，有一类似烟囱的通道通到一楼的出纳台，借还的书籍都是由这通道吊下吊上的。等书的时候，那吊索、吊索上的书笼和书笼里放置的各种各样的书刊，便成为我注视欣赏的对象。那时阅览室里还有两样东西使我感兴趣，一是开架的工具书，有的厚极了，两手托不住，平摊在一个固定的支架上，任读者随时翻阅；另一样是铅笔刀，似乎是固定在一扇不开的门的框上，铅笔插进去，用手摇几下就行了。这些小设施体现了管理人员对读者的一份细心的关照。那时的馆长是向达先生，他是一位著名的学者，懂得读书人想亲近书的心情，所以允许教师入库。我一毕业留校任助教，便享受了这种优待。于是常常登上楼梯，钻进书库，随意浏览。身子挤在高大的书架之间的小“胡同”里，前后左右除了书还是书。伴着淡淡的书香，一待就是半天，比看电影、逛公园还惬意。有时被好奇心驱使，专取那些尘封已久的书来翻，弄得两手都是灰。看书的同时，留意书后借阅者的签名和年月也挺有意思。有一部书从三十年代郭绍虞先生借阅以后从未有人借过。郭先生的签名十分隽秀，至今难忘。进库的规定“文化大革命”中取消了，八十年代初得以恢复。有一段时间我的体力不佳，偶尔带个小马扎进去，站累了可以坐下歇歇。小马扎允许带入书库，是管理人员的优待和信任，心里很感激。

入库省了我很多精力和时间。有些书本来只要查阅一下就可以了，不需要麻烦管理员为我们取出来，彼此都省事。有时为了研究一个题目，要查阅许多书，入库就更方便了。更重要的是入库可以激发做学问的兴趣，在无意的浏览中还可以发现新的有意义的研究课题。1982年至1983年我在日本东京大学教书，课余曾到八家著名的图书馆访书，有时也获准入库。著名的静嘉堂文库是收藏原属我国皕宋楼藏书的一家图书馆。馆长亲自陪我入库，不少国内已看不到的宋元善本，整齐地存放在樟木制做的书柜里，欢迎读者借阅。

更使我感叹的是东京大学的汉籍中心，索性发给我一把书库的钥匙，供我随时入库读书，真是方便极了。

逛书店也是一件趣事。五十年代和六十年代初，琉璃厂、隆福寺、东安市场都有不少旧书店，书多而且便宜，偶尔还能碰上善本。可惜当学生时零用钱很少，当了助教月薪也不过五六十块，能有多少钱买书呢？实际上是把书店当成图书馆来逛。近几年收入增加了，可是书价也涨了。线装的古旧书，以前几十元一部的，现在恨不得卖到千元，仍然是买不起。隆福寺的旧书店关闭了，东安市场的旧书店消逝了，只剩下琉璃厂还有几家，俨乎其然的，早已不是当年那副欢迎读书人来买的样子。物以稀为贵嘛，也难怪。不过平心而论，这些年我还是买了点书。我给自己定下一个规矩，走进书店万不得已不要空手出来，总得买一两本才对得起书店和书的作者们。就这样，有自己买的，有朋友写了书赠送的，加起来我这间14平方米的书房几乎摆满了三面墙的书。陶渊明有诗曰：“我土日已广，桑麻日已长。”我看着自己的藏书常常想起这两句诗来，借用其意以表示藏书增长的喜悦。

不过，做研究还得靠图书馆，个人的书远远不够。一些老师不愿离开北大，有一个重要的原因就是依恋这儿的藏书。尽管别处住房宽敞奖金优厚，但是书少，做研究不方便。我希望政府多拨些图书经费，使北大图书馆的藏书更丰富些，也希望北大图书馆多做些方便读者的事。读者的研究工作取得成绩，决不会忘记图书馆里那些忙忙碌碌供给他们图书资料的人们。

（袁行霈著,《学问的气象》，新世界出版社2009年1月）

【选文助读】

文史大家袁行霈先生在本篇里谈到自己读书的趣事。小时候的以书为伴，胡乱地读来解闷，虽然喜欢蒲松龄的《聊斋志异》和郑振铎的《文学大纲》，但是并未领略不到书的乐趣。等到考入北大，经常钻图书馆，才日益体验了书趣。袁行霈先生回忆了当年在北大图书馆读书的趣事，谈到了北大图书馆给自己的方便，言语之间充满了感激，也回忆了自己在日本东京大学教书期间于读书有关的趣事。特别是静嘉堂文库馆长亲自陪我入库，东京大学的汉籍中心索性发给他一把书库的钥匙，供他随时入库读书，这些事情在袁先生看来很是感叹。到图书馆读书是一种趣事，袁先生还谈到逛书店的趣事。从自己的经历出发，袁先生希望政府多拨些图书经费，使北大图书馆的藏书更丰富些，也希望北大图书馆多做些方便读者的事。

第五节
蒋子龙《书的征服》

书有说不尽的好处。正因为如此，书才有强大的征服性和侵略性。

【作者简介】

蒋子龙，1941年出生于河北沧县。1958年到1965年间，先后做过工人，参过军。1965年，根据部队生活经历，创作第一篇短篇小说《新站长》，此后开始了他的写作生涯。曾任中国作家协会原副主席、天津作家协会主席、天津文联副主席等职。著有《乔厂长上任记》《机电局长的一天》《赤橙黄绿青蓝紫》《燕赵悲歌》《蛇神》《开拓者》等近九十部作品。2012年8月16日获全美中国作家联谊会颁发的首届东方文豪奖。《书的征服》是蒋子龙对书的魅力的抒写。

【选文呈现】

假若这个世界上没有书；会是一种什么样子呢?

精神失去了阳光，思想无法传播，知识不能保存，语言失去意义，人们的生活残缺不全，生命将变得无法忍受……

书有说不尽的好处。正因为如此，书才有强大的征服性和侵略性。我怕搬家就是怕搬书，所谓搬家主要就是搬书。每次搬家在家人和帮忙者的一再怂恿下都不得不扔掉一些书。逢年过节，把屋子收拾利索，长了能维持几个月，短了不消几天，屋子里又乱了，主要是书在捣乱，到处是书堆。外出总忍不住要逛书店，逛书店就不可能不买书。新书、准备要看的书、看了一半的书、写作正用得着的书、有保存价值的书，占据了我的房子的绝大部分空间；而且还不断扩展，每时每刻都在蚕食供我存身的那块空间。这不是侵略是什么？我舒舒服服、自得其乐地接受这种侵略和征服。

书不仅征服时间和空间，更征服人的大脑。但是，倘若一个人只是被书征服，而没有征服书，充其量也只能算个书虫子。正如培根所说，把自己的大脑当成草地，任别人的思想如马蹄一般践踏。那样的话，再好的书也将失去其魅力和价值。

会读书的人都懂得征服书。

学生们有这样的体会：一册很厚的新书，会愈读愈薄，到期末考试的时候就剩下那么几道题了。这叫吃透了，掌握了，征服了知识。

读其他的书也一样。即便先被书征服，最后还是要反过来把书征服。

书能够给人提供多种选择：生命的选择，思想的选择，生活的选择。书里有各种各样的人生，使我们生活在自己选择的时代里。在自己的生命之外，还可以再补充别的自己所需要的人生，可以拥有多种人生经历。每看一本书就是进入那个作家的头脑之中，了解他的思想、感情、经验和智慧。

读书需要选择。如果不善选择，一生什么事都不干，光读别人的书也读不完。那又有什么意义呢？读，失去了意义；书，也失去了存在的价值。

我的办法是，翻遍所有能接触到的书，因为不亲自翻一翻就不知好坏，难以取舍；然后把那些没有什么价值的书扔掉——这种价值的评定是没有什么统一的唯一的标准的，可根据自己的需要视具体情况而定。一本书就像一根绳子，只有当它跟系着或捆着的东西发生关系时，它才有意义。同是一本书，对有的人毫无价值，对另外一个人说不定就有点用处。

读书的功夫要下在需要认真阅读、仔细品味的一类书上。这类书能满足你的精神需要，激发你的才智，帮助你完善自己。你要征服的也是这样的书。多好的书也不是供香客朝拜的祀奉物。

还有一些是供你消遣、娱乐的书，可在沉闷的旅途上，在紧张疲劳之后在工作之余，以及在睡不着觉的时候去读，而不必用正规的时间。我现在真感到时间宝贵，浪费不起，好像一天不再有24小时，只剩下20小时或18小时，其余的时间被电视和其他一些不用动脑子的活动占去了。我的窗台上和写字台周围书刊堆得过高了，就反省自己是不是读书的时间减少了，于是拼上几个晚上，把功课补齐。

当然，还有一部大书，每个人都需要终生不懈地精读粗读苦读喜读，它就是生活这部活书。读它不能代替读印刷的书；同样，读印刷的书也不能代替读它。

（诺亚编，《悦读生活》，湖南科学技术出版社2009年12月）

【选文助读】

从被书征服到征服书，这是一个读书的过程，也是一个读书人的生活状态。可以说如果一个人不爱读书，他也就不会被书征服。对于一个不爱读书的人，书就丧失了它的征服性和侵略性，不会占据他的时间和空间。蒋子龙先生说他舒舒服服、自得其乐地接受这种侵略和征服，可见他是一个多么爱书、多么爱读书的人。然而这还不够，被书征服还要想着征服书。书能够给人提供生命、思想、生活等多种选择。蒋子龙先生提供了他的读书方法，就是先杂后精。翻遍所有能接触到的书，因为不亲自翻一翻就不知好坏，难以取舍，而取舍的标准则根据自己的需要视具体情况而定。读书的功夫要下在需要认真阅读、仔细品味的一类书上。对于那些供消遣、娱乐的书，则不必用正规的时间，可在沉闷的旅途上，在紧张疲劳之后在工作之余，以及在睡不着觉的时候去翻翻便是。而生活的大书，却需要每个人终生不懈地去精读粗读苦读喜读。

第六节
刘心武《与书共舞》

不可一日无书，不管什么书，翻翻总是有益的。

【作者简介】

刘心武，1942年出生于四川省成都市。他是中国当代著名作家、红学研究家。1961年毕业于北京师范专科学校中文系，曾任中学教师、出版社编辑、《人民文学》主编、中国作协理事、全国青联委员等职，于2005年受邀在中央电视台科教频道《百家讲坛》栏目主讲《刘心武揭秘〈红楼梦〉》。代表作有长篇小说《钟鼓楼》《四牌楼》《飘窗》，短篇小说《班主任》《我爱每一片绿叶》，儿童文学《看不见的朋友》《我可不怕十三岁》等，他的作品均以关注现实为特征。刘心武在《与书共生》抒写了他与书的亲密情缘。

【选文呈现】

我的生命史，从某种角度说，便是一部伴书而度的历史，先是老师教我认字、读书，然后从读老师指定的书，发展到读自己选择的书；喜欢的书，成为灵魂的朋友，不喜欢的书，如遭逢乏味的旅伴；当然也曾读过骗人的书，那就像生活中遭遇过扒手，虽然扫兴，却并不会停顿前行的脚步一样，还是继续地读书。后来，自己教过学生读书，又试着写书，还参与编书，当然也就读了更多的书。这期间，泡书店，逛书市，买书，藏书，自然都是我生命流程中的璀璨珠串。

不可一日无书，不管什么书，翻翻总是有益的。无聊的书呢？坏书呢？ 我当然不会怂恿心性尚未成熟的少男少女去翻。但于我，以及像我一样的成年人，我觉得唯有翻过，才能作出判断：这本书究竟有没有价值，大约有几分价值，是正面价值，还是负面价值（即可否充当“反面教员”），或者两方面的价值互见、杂糅……如今世上的书实在太多，有真价值、正价值、高价值的只占很小的比例。所以，一旦获得，真是“如获至宝”，那就要精读、细品，而在读这样的书的过程中，我们的灵魂该是多么的欣悦！对于那些既无正面欣赏价值，亦无负面参考价值，连消遣消闲的作用也谈不到的书，我只好将其视作“文字垃圾箱”。一旦作出判断，必嗤之以鼻，并掩鼻而去！

我取各种姿势读书，在各种情境中都见缝插针地读书。躺在床上读书，是我最多见的姿势。说来也怪，我卧读了几十年，眼睛并未因此读坏，脖颈亦没有读歪，而收获是大大的，真是“大珠小珠落心坎”，快乐无涯，所以我曾著《卧读记快》一文，大抒其情。再，我每天如厕，是一定要手持书报的，你算算看，光这样的阅读，一生中加起来就有多少次，累计多少时间，排出的是废物，而由眼入心的，多半是有益，至少是有趣的信息。所以万不要轻视“厕读”。旅行中，也不要辍读，我曾好几次住进外地招待所，临睡时，忽然感到不妙，因为竟忘了带书，或虽带了书却一时不能方便取出。于是，便从桌上拿起摊开的台历，那台历的每一页日期的背面，全有文字，多半是百科小知识，那不也是一本书吗？我便津津有味地翻读起来，居然又一次证明了“开卷有益”的古训，比如说，关于若干食疗的配方，我就是从那样的阅读中，牢记心中，并曾在家中实践过，取得过实效的。

我现在当了作家，自己写书，累计起来，总有500万字了，最近还出了8卷的文集，我当然希望有人读我的书，不敢说我的书写得有多么好，但我的写作态度是严肃认真的，自己觉得幽默感在不断提升，文字算是比较规范、干净的吧。我近年的小说创作比较注重人性探索，凝聚着比较浓酽的终极思考，比如：我是谁？你是谁？他或她是谁？活着的意义是什么？死亡究竟是怎么回事？何谓灵魂？个体生存与群体生存如何协调，人类生存发展的根本意义究竟何在等等。显然，我是一个比较耽于理性的作家，我写的这种书，会有人喜欢吗？我现在不在书里提供答案，因为我实在还没有找到答案，我只是通过活生生的人物的生命体验，在执著地探究，读友们愿与我携手同行，一起探究吗？

读书，写书；写书，读书。我说是与书共生，有人说我简直是与书共舞，好吧，我就搂着书这个舞伴，不停地跳下去。这是我的幸福，也是我的宿命。

（赵镜明、叶秀峰主编,《我的书斋》，海天出版社1995年）

【选文助读】

刘心武认为他的生命就是一部伴书而度的历史，泡书店、逛书市、买书、藏书都是他生命流程中的璀璨珠串。人生不可一日无书，不管什么书，翻翻总是有益的，但是要有选择地去读书，挑选适合自己年龄的有价值的书去阅读。他在任何情境中能都见缝插针地读书，躺在床上、每天如厕都会抽出时间来阅读，读的内容也十分广泛，甚至于台历上的百科常识在他看来都是非常有用的。这样日积月累下来便能够增加很多知识与见闻，可见“开卷有益”了。在他看来，作为一名严肃认真有理性的作家，他的宿命和幸福便是读书，写书；写书，读书；与书共生，与书共舞。

第七节
冯骥才《无书的日子》（节选）

读书如听音乐，一进入即换一番天地。

【作者简介】

冯骥才，1942年生于天津，当代作家。1960年高中毕业后到天津市书画社从事绘画工作。2000年5月担任中国小说学会会长，天津市作协主席，北京唐风美术馆名誉顾问。2001年，冯骥才任中国民间文艺家协会主席。2007年担任国际民间艺术组织(IOV)副主席，中国民主促进会中央主席，2011年担任中国文学艺术界联合会执行副主席，中国生态书画院顾问。2013年3月当选中国人民政治协商会议第十二届全国委员会常务委员会委员。著有《雕花烟斗》《逆光的风景》《摸书》《高女人和她的矮丈夫》《炮打双灯》《神鞭》《三寸金莲》《珍珠鸟》等，多篇作品被选入语文教材。《无书的日子》是冯骥才对于“文革”时期无书陪伴的日子的回顾。

【选文呈现】

我家在“文革”初被洗劫一空。藏书千余，听凭革命造反派们撕之毁之，付之一炬。抄家过后，收拾破破烂烂的家具杂物时，把残书和哪怕是零零散散的书页都万分珍惜地敛起来，整理、缝钉，破口处全用玻璃纸粘好；完整者寥寥，残篇散页却有一大包袱。逢到苦闷寂寞之时，便拿出来读。读书如听音乐，一进入即换一番天地。时入蛮荒远古，时入异国异俗，时入霞光夕照，时入人间百味。一时间，自身的烦扰困顿乃至四周的破门败墙全都化为乌有，书中世界与心中世界融为一体——人物的苦恼赶走自己的苦恼，故事的紧张替代现实的紧张，即便忧伤悒郁之情也换了一种。艺术把一切都审美化，丑也是一种美，在艺术中审丑也是审美，也是享受。但是，我从未把书当做伴我消度时光的闲友，而把它们认定是充实和加深我的真正伙伴。你读书，尤其是那些名著，就是和人类历史上最杰出的先贤智者相交！这些先贤智者著书或是为了寻求别人理解，或是为了探求人生的途径与处世的真理。不论他们的箴言沟通于你的人生经验，他们聪慧的感受触发你的悟性，还是他们天才的思想顿时把你蒙昧混沌的头颅透彻照亮——你的脑袋仿佛忽然变成一只通电发亮的灯——他们不是你最宝贵的精神朋友吗？

半本《约翰·克利斯朵夫》几乎叫我看烂，散页的中外诗词全都烂熟于我心中。然而，读这些无头无尾的残书倒别有一种体味，就像面对残断胳膊的维纳斯时，你不知不觉会用你自己最美的想象去安装它。书中某一个人物的命运由于缺篇少章不知后果，我并不觉得别扭，反而用自己的想象去发展它，完成它。我按照自己的意志为它们设想出必然的命运变化和结局。我感到自己就像命运之神那样安排着一个个生命有意味的命运历程。当时，我的命运被别人掌握，我却掌握着另一些“人物”的命运；前者痛苦，后者幸福。往往我给一个人物设计出几种结局。小说中人物的结局才是人物的完成。当然我不知道这些人物在原书中的结局是什么，我就把自己这些续篇分别讲给不同朋友听。凡是某一种结局感动了朋友，我就认定原作一定是这样，好像我这才是真本，听故事的朋友们自然也就深信不疑。

“文革”后，书都重新出版了。常有朋友对我说：“你讲的那本书最近我读了，那人物根本没死，结尾也不是你讲的那样……”他们来找我算账；不过也有的朋友望着我笑而不答的脸说：“不过，你那样结束也不错……”

当初，续编这些残书未了的故事，我干得挺来劲儿，因为在续编中，我不知不觉使用了自己的人生经验，调动出我生活中最生动、独特和珍贵的细节，发挥了我的艺术想象。

而享受自己的想象才是最醉心的，这是艺术创造者们所独有的一种感受。

……

（冯骥才著，《冯骥才散文》，人民文学出版社2013年11月）

【选文助读】

本文虽然命名《无书的日子》，冯骥才先生其实自其中追溯了自己写作的缘由。冯骥才先生讲到读书的益处，他把书本认定为充实和加深自己的真正伙伴。而认为读书，尤其是读那些名著，就是和人类历史上最杰出的先贤智者相交，这些先贤智者著书或是为了寻求别人理解，或是为了探求人生的途径与处世的真理。他们的箴言沟通于读者的人生经验，他们聪慧的感受触发读者的悟性，还是他们天才的思想能够把读者蒙昧混沌的头颅透彻照亮。读书的益处实在不少，而冯骥才先生在其中着重谈了自己在无书的日子里读残书的趣事。读这些无头无尾的残书需要他自己靠想象勾连相关线索，读残书的过程同时也就成了续编、创作的过程。冯骥才先生说在续编中，他不知不觉使用了自己的人生经验，调动出他生活中最生动、独特和珍贵的细节，发挥了他的艺术想象。这是他走上文学创作的重要一步，或者说正是因为读“残书”他才能够走上文学创作。

第八节

周国平《读永恒的书》

我们很难想像一个关注精神生活的人会对书籍毫无兴趣。

【作者简介】

周国平，1945年生于上海。1962至1968年就学于北京大学哲学系，1978年考入中国社会科学院研究生院，先后获硕士、博士学位。现为中国社会科学院哲学研究所副研究员。著有学术专著《尼采：在世纪的转折点上》《尼采与形而上学》，散文集《守望的距离》《各自的朝圣路》《安静的位置》《善良丰富高贵》，纪实作品《妞妞：一个父亲的札记》《岁月与性情》，随感集《人与永恒》《风中的纸屑》《碎句与短章》等。《读永恒的书》中周国平倡导读书要读具有永恒价值的书。

【选文呈现】

人类所创造的精神财富是通过各种物质形式保存的，其中最重要的一种形式就是文字。因而，在我们日常的精神活动中，读书便占据着很大的比重。一般而言，我们很难想像一个关注精神生活的人会对书籍毫无兴趣。“我扑在书籍上，就像饥饿的人扑在面包上一样。”高尔基说的这句话，非常贴切地表明了这一点。

然而，古今中外的书不计其数，该读哪些书呢？从精神生活的角度出发，我们也许可以极粗略地把天下的书分为三大类。一是完全不可读的书，这种书只是外表像书罢了，实际上是毫无价值的印刷垃圾，不能提供任何精神的启示、艺术的欣赏或有用的知识。在今日的市场上，这种以书的面目出现的假冒伪劣产品比比皆是。二是可读可不读的书，这种书读了也许不无益处，但不读却肯定不会造成重大损失和遗憾。世上的书大多属于此类。我把那些专业书籍也列入此类，因为它们只对有关专业人员才可能是必读书，对于其他人却是不必读的书，至多是可读可不读的书。三是必读的书。这类书每一个关心人类精神历程和自身生命意义的人都应该读，不读便会是一种欠缺和遗憾。

应该说，这第三类书在书籍的总量中只占极少数，但绝对量仍然非常大。它们实际上是指人类文化宝库中的那些不朽之作，即所谓经典名著。这些伟大作品不可按学科归类，不论它们是文学作品还是理论著作，都必定表现了人类精神某些永恒的内涵，因而具有永恒的价值。在此意义上，我称它们为永恒的书。要确定这类书的范围是一件难事，事实上不同的人就此开出的书单一定有相当的出入。不过只要开书单的人确实有眼光，就必定都会选中一些最基本的好书。例如，他们绝不会遗漏掉《论语》《史记》《红楼梦》这样的书，柏拉图、莎士比亚、托尔斯泰这类作家的著作。

在我看来，真正重要的倒不在于你读了多少名著，古今中外的名著是否全读了，而在于要有一个信念，那便是非最好的书不读。有了这样的信念，即使你读了许多并非最好的书，你仍然会逐渐找到那些真正属于你自己的最好的书，并且成为它们的知音。事实上，对于一个具有独特个性的追求的人来说，他的必读书的书单绝非照抄别人的，而是在他自己阅读的过程中形成的，这个书单本身也体现着他的个性。正像罗曼·罗兰在谈到他所喜欢的音乐大师时说的："现在我有我的贝多芬了，犹如已经有了我的莫扎特一样。一个人对他所喜爱的历史人物都应该这样做。"

费尔巴哈说，人就是他所吃的东西。至少就精神食物而言，这句话是对的。从一个人的读物大致可以判断他的精神品位。一个在阅读和深思中与古今哲人文豪倾心交谈的人，与一个只读明星轶闻和凶杀故事的人，他们当然有着完全不同的内心世界。天下好书之多，一辈子也读不完，我们岂能把只有一次的生命浪费在读无聊的东西上。

（《中外书摘》编辑部编，《在心灵最微妙的地方》，
上海人民出版社2000年9月）

【选文助读】

书中保存着人类所创造的精神财富，一个关注精神生活的人必然会对书籍有极大的兴趣。面对不计其数的古今中外的书籍，我们该如何做出选择呢？周国平提出，天下的书分为三大类：一是完全不可读的书，这类书毫无价值，不能给读者提供任何精神的启示、艺术的欣赏或有用的知识。二是可读可不读的书。这类书读了也许不无益处，不读也不会造成重大损失和遗憾。三是必读的书。即人类文化宝库中的那些不朽之作，即所谓经典名著，这类书不读便会

是一种欠缺和遗憾，这便是永恒的书。如《论语》、《史记》、《红楼梦》，柏拉图、莎士比亚、托尔斯泰这类作家的著作等。周国平认为读书要选择永恒的书来读，非最好的书不读。在阅读的过程中逐渐找到那些真正属于自己的最好的书，并且成为它们的知音，形成一张体现着自己个性的书单。有了这样的读书信念并逐步去落实，就会让生命散发出智慧的光彩。

第九节
余秋雨《好的读书人应该不断“扔书”》

书房为我们留下的应该是一流的精品，让平庸和琐碎离我们的书桌越远越好。

【作者简介】

余秋雨，1946年生于浙江省余姚县，中国著名文化学者，理论家、文化史学家、散文家。1966年毕业于上海戏剧学院戏剧文学系。1975年开始研习中国古代历史文化。1980年，出版了《戏剧理论史稿》《中国戏剧文化史述》《戏剧审美心理学》《艺术创造工程》等著作，先后荣获全国戏剧理论著作奖、上海市哲学社会科学著作奖、全国优秀教材一等奖。1986年，任上海戏剧学院副院长，上海市写作学会会长。著有《文化苦旅》《山居笔记》《行者无疆》《寻觅中华》等作品。《好的读书人应该不断“扔书”》是余秋雨对新时代应有的读书方式的探讨。

【选文呈现】

我们见过许多这样的读书人：他们勤奋地借书、买书、藏书、啃书，但是如果你问他们，这么多年读下来最喜欢哪几本书，最敬畏哪几本书，对自己的人格学问影响最大的是哪几位作家，他们往往答不出来。倘使把读书比作交友，这样的读书人，近似交际场中那类四处点头握手、广散名片的人物，他们没有知己、没有深交。读书的无效和无聊，莫过于此。

读书，要建立自己的偶像。说白了，就是我崇拜谁，我最喜欢读谁的书。在我看来，没有崇拜就没有进步的阶梯，就没有前进的动力，也没有追赶的目标。我大学时特别崇拜的作家是雨果，后来又长期被海明威的硬汉气魄所倾倒。我觉得，只有崇拜一个人，你才能产生读他、了解他、超越他的自信与激情。

寻找偶像，也就是寻找自己。要相信，茫茫书海中，只有那么一小块，才与你的生命素质有亲切的对应关系。要凭着自己的人生信号去寻找，然后才可能由此及彼，扩大成果。完全脱离个人文化心理结构而任意冲撞，读书就会因失去了自身生命的儒养而变得毫无乐趣可言。

著名学者梁实秋曾说过一句名言：桌上永远只放一本书。这句话虽然有些夸张，但确是他的读书秘诀。读书要忌杂，要读好书、读一流的书，从高位进入。应该尽量减少与自己已有水平基本相同的阅读层面，接受好书对自己的塑造。适于选作精读对象的书，不应是那些我们可以俯视、平视的书，而应该是我们需要仰视的书。这样，阅读才能导致我们向大师们逼近，我们的生命内涵也才能因此而获得提升。

同时，哪怕是一流的好书，也切忌杂乱无章地读。读好书需要形成系统，需要时间间隔，需要慢慢咀嚼、消化和回味。无数事实说明，读书不在多，而在于一个“精”字，在于有没有合理的系统和计划，在于你的系统和计划之间有没有良好的逻辑关系。举例说，假如你读诗，在一段时间可以专门读一读唐诗，而在其中的某段时间里则可以专门读李白。在你精读了李白的代表作以后，写点读后感，再看一看有关李白作品的评论文章，强迫自己在高层次上与世界最杰出的人物对话。

另外，学习上的寻找没有终极性的对象。时代的前进，使得今天我们必须推进阅读的速度与广度，加快更换精读对象的频率。我们的行箧中，如果长久只有那一两本书，那么，我们的人生旅程，很快就会枯窘。在这一点上，我们比前辈学者们既幸运得多，也艰难得多了。

今天，我们面前的书太多了。因而，一个好的读书人同时应该是一个很好的“淘书者”。这里的淘书指“淘汰”——也就是要不断扔掉自己的书。

我每次搬家，都要扔掉大量书。最多的一次扔了一万多本，上海的报纸把这件事都当作新闻报道了。我都扔掉了哪些书呢，归纳起来，大约有这么几类：1. 过时的旧书。主要指观念、知识结构过时的书；2. 十年没有碰过，估计将来的十年也不会去碰的书；3. 以前买的，已汲取过营养，或者属于“营养不良”的书；4. 包装陈旧、不成套、系统零乱或翻译版本不好的书。总之，除了工具书和资料书，书房为我们留下的应该是一流的精品，让平庸和琐碎离我们的书桌越远越好。

（余秋雨作，《秘书工作》，2011年11期）

【选文助读】

“如果你明天就要投入一次远途跋涉，行箧中将带一本什么书？”出于行程的考虑，在众多书籍里选择哪一部，选择哪个作家陪伴自己的旅途，这其实是在拷问自己。不同的人读书目的不同，兴趣不同，所选择的书籍也大不相同。余秋雨先生认为读书要有选择，不能杂乱无章，而应该选择好书、一流的书。同时余秋雨认为即使读一流的书，也切忌杂乱无章地读。读好书需要形成系统，需要时间间隔，需要慢慢咀嚼、消化和回味。他主张读书不在多，而在精。一个人应该根据自己的需要不断更新图书，而不应该抱守旧的书籍一成不变，正如余秋雨先生所说，我们的行箧中，如果长久只有那一两本书，那么，我们的人生旅程，很快就会枯窘。我们必须推进阅读的速度和广度，加快更换精读对象的频率。相比古人，现在人读书要容易很多，书籍的活动也方便很多，这些条件允许人们不断地选择新的书籍，特别是新的精品书籍，这样来看，余秋雨先生所谈的“扔书”其实是一个不断更新个人知识系统不断提升自己的过程。

第十节
易中天《读书时间》（节选）

春宜读子，夏宜读史，秋宜读经，冬宜读集。

【作者简介】

易中天，1947年出生于湖南长沙，中国知名作家、学者。1981年毕业于武汉大学，获文学硕士学位并留校任教，后在厦门大学中文系任教。2005年起开始在CCTV-10《百家讲坛》节目里讲解历史，品评“汉代风云人物”。2006年制作《易中天品三国》，一举成名。2008年，与《百家讲坛》再度携手合作《先秦诸子·百家争鸣》。他长期从事文学、艺术、美学、心理学、人类学、历史学等研究，著有《〈文心雕龙〉美学思想论稿》《艺术教育学》《闲话中国人》《书生意气》《中国的男人和女人》《读城记》《品人录》等作品。《闲话读书时间》是易中天对如何选择恰当的时间来阅读的探讨。

【选文呈现】

……

不过，虽同为夜读，春夏秋冬，也还是有所不同。

我的看法是：春宜读子，夏宜读史，秋宜读经，冬宜读集。春回大地，万象更新，百花齐放，百鸟齐鸣，自然最适合读那“百家争鸣”的子书。夏日炎炎，酷暑难熬，那些“讲故事”的史书，颇能帮我们度此长夏。也不妨在午间小憩后，于北窗下置一竹床，就一杯冰啤酒读《史记》、《汉书》，便不作羲皇上人想。秋日里，雁去叶落，橘红穗黄，天高云淡，风静潮平，大约只有在此时读经，才沉得下气来。至于寒风凛冽滴水成冰的冬天，当然最好是赖在床上躲进被窝，去读诗词小说之类的文学作品，或者如前所说，“雪夜闭门读禁书”了。如果以人生为序，我的主张是：三十读子，四十读史，五十读经，少年时和老年时读集。三十岁以前不懂事，读经，读史，读集，只怕是“不读白不读，读了也白读”，还不如多读点文艺书。一来便于入门，二来也能提高修养，至少将来读经读史读集时，不会有文字障碍。实际上好的文艺作品，都渗透着作家艺术家的人生体验和感悟。虽说“少年不识愁滋味”，但毕竟少年是一个易感的年华。在这个年龄段多读些文艺书，培养出对生活的体验感悟能力，是有好处的。至少是有这份体验和感悟能力，在今后的人生道路上，总不至于“一路上的好风景没仔细琢磨”吧！

老年时则是另一种境况。老年是人生的最后阶段。在此之前，该奋斗的奋斗了，该抗争的抗争了，该拼搏的拼搏了，该承受的也承受了。此时此刻，或已功成名就，或已力尽精疲。这时的读书，已全然没有了功利目的，不过回味人生和颐养天年，因此最宜读“集”。不是说经、史、子就读不得，只是没那个必要，也太劳累，那就还是免了吧！见多识广阅历丰富的老年人，自己就是一部历史、一本经书，还读它作甚？但有此阅历有此识见，读起文学作品来，自然“别是一番滋味在心头”。那些“满纸荒唐言，一把辛酸泪”的文学作品，其中滋味，怕是只有在这时才能参透悟得。当然，“七十而从心所欲，不逾矩”。人到老年，实际上是什么都能读，读什么都不会白读，也就读什么都无所谓了。

其他年龄段则又不同。

三十而立。而立之年，最宜读子。所谓“子书”，不仅指诸子文章，更不限于先秦，而是通指那些有个性有争议的思想类著作。一般地说，三十岁是思想观念的“半生不熟”时期（聪慧早熟的天才例外）。大学早已毕业，实际工作也有几年，知识和阅历都有了些，缺的是独立的思想。此时读子，不但读得进，读得懂，读得如饥似渴，而且卓有成效。因为正可用那些“异端邪说”来磨砺自己的头脑，“如切如磋，如琢如磨”。并不是说读这些书就是要全盘接受他们的观点。没这个必要，也没这个可能，诸子观点并不统一。但毕竟，“他山之石，可以攻玉”，而将“璞”琢磨成“玉”，岂非正是“而立”的真义？

四十而不惑。不惑之年宜读史。历史是人类独有的东西。神没有历史，他们生活在永恒即不变之中。动物也没有历史，它们只生活于当下。无法生活在永恒的人如果忘记了历史，就会变成眼睛只知道盯着食槽的家畜了。因此史书实在是人人该读的，只是时下可供大多数人阅读的史书太少。不过，少年读史，多半是看热闹；老年读史，难免是看笑话。唯中年读史，最能看出门道，当真可以“以史为鉴”。但三十读史略嫌早阅历不够，五十再读又晚了点，“其羊已亡”，故以四十为宜。四十岁的中年人，钉子已碰了不少，苦头已吃了不少，经验教训也总结了不少。此时读史，还真能有“恍然大悟”之感。

五十而知天命。既已“知天命”，和“先知”们对话，大约也就不再困难。因此五十宜读经。当然，我这里说的“经”已非传统意义上的儒家经典，而是指那些代表着人类最高智慧，表现出人类终极关怀的伟大著作。儒家的许多经典，反倒是不在此列的。掌握这些智慧并不容易，理解这些关怀也不容易。少不更事的掌握理解不了，七老八十才掌握理解也未免遗憾。“知天命”的五十岁，岂非正当其时？这也不过一孔之见，随便说说，当不得真。读书其实是没有、也不该有什么“时间表”的。比方说我自己在“知天命”年，读经了没有呢？没有。因此以上所说，诸位最好“只当放屁”。读书，毕竟是每个人自己的事。那就还是爱什么时候读就什么时候读，喜欢谁便是谁吧！

（林文力主编，《青春的路，那么窄又那么宽》，
远方出版社2014年3月）

【选文助读】

易中天认为在什么时候最宜读书，或最适合读什么书是非常有说道的。如果以季节为序，春宜读子，夏宜读史，秋宜读经，冬宜读集。春回大地，万象更新之时，最适合读那“百家争鸣”的子书。夏日炎炎，酷暑难熬之际，最适合读“讲故事”的史书。只有在雁去叶落，天高云淡的秋日，才能沉得下气来读经。寒风凛冽滴水成冰的冬天，最适合读诗词小说之类的文学作品。如果以人生为序，则三十读子，四十读史，五十读经，少年时和老年时读集。

三十岁以前不懂事，读经，读史，读集，不仅便于入门，而且能提高修养，培养对生活的感悟能力。三十而立。而立之年，最宜读有个性有争议的思想类著作来磨砺头脑。四十而不惑。不惑之年宜读史。此时，已经在生活中总结了不少经验教训，读史能使人顿悟。五十而知天命。最适宜读代表着人类最高智慧，表现出人类终极关怀的伟大著作。老年时，回味人生和颐养天年，适合读集来参透悟得。

第十一节
陆星儿《书，生命与自己》

一部好书，的确能抓住生命，或赋予生命以活力。

【作者简介】

陆星儿(1949年—2004年)，生于上海，祖籍江苏海门。中国著名的女作家。1968年上山下乡到北大荒，参加整整十年工作。后历任中国作家协会会员，江苏省作协会员、《海上文坛》执行副主编等职。她于1974年开始发表作品，1978年考入中央戏剧学院戏剧文学系，1982年始任中国儿童艺术剧院编剧。2004年9月17日因胃癌晚期去世。已创作出版长篇小说4部，中短篇小说集10部、散文集8部。她的长篇连续剧《我儿我女》获“全国优秀剧本奖”，小说《在同一片屋顶下》获“上海文学奖”，小说《今天没有太阳》获“十月文学奖”。此外，她还著有长篇小说《留给世纪的吻》《精神科医生》，中短篇小说集《呵，青鸟》《天生是个女人》《傍晚请别敲门》《一个女人的一台戏》《美的结构》，散文集《我是母亲》《女人的出头之日》《心有一处文库》《潜在美人》《白官外的长椅》等。《书，生命与自己》是陆星儿对自己在北大荒读书生活的感慨。

【选文呈现】

暑假整理书橱，在上千册的书籍里，又看到那部快被翻烂的长篇小说《远离莫斯科的地方》，上中下三本，包着的牛皮纸封面，边边角角又毛糙又破旧。我把三本书托在手心上，只感到内心有一种很深沉的分量，有一股扯不断的思绪……

那时在北大荒，没有更多的书可读，而这部描写库页岛开发的小说，像经典著作被大家传阅，我自己看了几遍，一个字一个字地读，一段段地做笔记，仿佛要从翻过的每一页里都能找到理想、找到激发、找到楷模。而只要读到一点共鸣、同感，我会激动很久，好像精神里撑起一根支柱，它能确立自己，证明自己。那是一段很年轻、很艰苦、很特殊的生活，有这样一部书伴随着，给心灵注入了向上的、崇高的精神。我始终认为，北大荒十年，是我人生的基础，因为有精神的存在，艰苦与特殊的经历，便成为不可多得的财富。所以，在离开北大荒时，我把一些零零碎碎的日用品或送人了或扔掉了，但这部书和一本本用纸订起来的读书笔记，都随身带回了——它们是一段历史的见证，它们帮助过我，支撑过我。我从那成千的书页中也找到过那个单纯热情又充满理想的自己。

一部好书，的确能抓住生命，或赋予生命以活力。

以后，可以读到很多很多的书，我却不大有时间读了，也读得不像从前那样认真，那样如饥似渴。不过，在桌上，在枕边……总有几本书放着，每逢心情忧伤、处境为难或遇到困惑不解的问题时，我便什么也不干地读书，读一部好的小说，读一篇精彩的文章，浸润到自己以外的世界里，感受别人的人生，感受更博大的人世。心，自然会平静下来，并且豁朗了，达观了，书如同最好的朋友，悄悄坐到身边，即使一言不发，那种心灵的相通，也会让我获得一种安慰。我赞成罗曼·罗兰的一句话："每个人都从书中研究自己，要不是发现自己，就是控制自己。"因为一部真正的书是面向整个人类的，每个人都能从中看到一点自己。

我喜欢在读书中寻找自己，也希望在写书中完成自己。

（陆星儿著，《心，有一处仓库》第二辑，

天津教育出版社1993年12月）

【选文助读】

陆星儿年轻时因上山下乡在北大荒参加了十年工作。她回味起自己在北大荒时的生活，认为在北大荒的十年，是她人生的基础，因为有精神的存在，艰苦与特殊的经历，便成为不可多得的财富。而她所说的精神的存在便是读书。陆星儿在北大荒时，没有更多的书可读，一部描写库页岛开发的小说《远离莫斯科的地方》，像经典著作般被大家传阅。她看了好几遍，一个字一个字地读，一段段地做笔记，只要读到一点共鸣、同感，便会激动很久，好像精神里撑起一根支柱。虽然那时生活很艰苦，但是这样一部书给人的心灵注入了向上的、崇高的精神。陆星儿认为一部好书，是能抓住生命，赋予生命以活力的。在回到城市里之后，她在桌上，在枕边，总会放着几本书。这些书使她浸润到自己以外的世界里，感受别人的人生，感受更博大的人世，忘记心情的忧伤、处境的为难。使她的心能够平静下来，变得豁朗、达观，让她感受到如同最好的朋友所给的安慰。在读书中寻找自己是一件非常值得去完成的事。

第十二节
葛兆光《夜深还照读书窗》

读书在某种意义上来说，是对心智的润养。

【作者简介】

葛兆光，1950年生于上海。当代学者，主要研究古代中国的宗教史和思想史。1978年考入北京大学中文系，1984年毕业。曾任扬州师范学院历史系副教授、复旦大学文史研究院院长，北京大学古文献学研究中心、北京大学东方文化研究院、复旦大学古代文学研究中心、中国人民大学佛教与宗教学研究中心、中国社会科学院研究生院兼聘教授及日本京都大学、比利时鲁汶大学、香港浸会大学、台湾大学等校客座教授。著有《禅宗与中国文化》《道教与中国文化》《唐诗选注》《葛兆光自选集》《中国思想史》等作品。《夜深还照读书窗》是葛兆光关于读书类型的解析。

【选文呈现】

灯下读书，想起宋人刘子军两句诗："明月不知君已去，夜深还照读书窗。"不觉怆然。现在已经很少有闲人读闲书的闲情了。

明月不知人已去，依旧来照，已不再是读书窗。就是读书，也不再有“临月漫披卷，凭栏且数星”的情致。都市的灯光早已把明月挤成了昏黄的一片，遥遥地挂在天边，印刷体加洋装封皮也不像线装书那样可以握成一卷，更不像线装书那样容易抚慰焦躁的心境，不拿笔记本与卡片纸是不能记忆这纸上的意思了。陶渊明“不求甚解”的读书法在今天大概是考不中文凭的，换作了今天，他一样只能在灯下操起放大镜一字一字地寻章摘句。

现代人从小读书，说来比古人多很多。据说孔子“学富五车”，以竹简折成铅字算来，他肚子里也不过就是三本两本。杜甫所谓“读书破万卷”，万卷其实是夸大而言其多。现代人又何止读万卷书？可是现代人既成不了哲圣也成不了诗圣。本来。读书并不在多寡，知识未必是智慧，但现代人一切都需要折斤掰两拿计算器来估计价值，加上“书中自有黄金屋”的读书观，读书已沦落到和木匠磨斧头，裁缝理针线没什么不同的境地。《朱子语类》云：“学须先理会那大底，理会得大底，将来那里面小底也自然通透，今人却是理会那大底不得，只去搜寻里面小小节目。”只这“大”“小”之分中便有个读书真意在，“大”不是肚皮里可以车载斗量的知识，而是心灵无可计算的智慧，读书在某种意义上来说，是对心智的润养。

公正地说，读书可以分两种：伏案苦读细啃书，记得公式，背得数字，每到领悟处不禁长嘘一声，是书生苦事。这时犹如爬山，一山放过一山拦，攀登时想的是文凭、是课题、是职称、是经世致用，“学成文武艺，货与帝王家”和“功名如探囊取物耳”是一回事，书中文字被读成肚里知识。品茗呷酒漫读书，心与书通，忘却经营生计、案牍文字，每到会心处不禁抚掌，是赏心乐事。这时虽人问书中所言何事，均浑然忘却，但书中意味则如盐化水中，在心头提撕点拨，让人自省，催人自觉，于是书中文字化为心头素养。

诚然，时代在变，社会在变，文人那点闲情也许已不合时宜了。不过，如果能在电话铃声、汽车笛声、机器轰鸣声中留下一小片安静，让人体味闲读书、读书闲的滋味，如果能在霓虹灯光、白炽灯光、探照灯光中给明月留下一点缝隙，让它来淡淡地照一照读书人的书案书窗，似乎也还能给人一线安慰。在连叹息都没工夫的岁月里，人怎样才能将知识转为智慧？其实，读书仿佛旅游，人何必处处拍照留影，处处题“到此一游”，那山水溪石林壑松风在心头留下些快意，残存半分温馨，让人回想起来就忘却了尘世的疲惫与困惑，这不也就够了么？

（葛兆光作，《当代贵州》2004年14期）

【选文助读】

葛兆光先生谈到的两种读书，一种是功利性的读书，读书是为了文凭、课题、职称、是经世致用。一种是非功利性的读书，忘却经营生计、案牍文字。前一种是书生苦事，后一种是赏心乐事。“明月不知君已去，夜深还照读书窗。”自然是有闲人读闲书的闲情，是一种非功利性的读书情景。现代人读书数量很多，远超过孔子的“学富五车”，也超过杜甫的“读书破万卷”。但是现在确没有人能够达到孔子和杜甫的智慧。葛兆光先生认为读书并不在多寡，知识未必是智慧。现在人读书的功利性太强，一切都需要折斤掰两拿计算器来估计价值。这是一种只注重蝇头微利的读书方法，并不可取。正确的读书法不是去获得肚皮里可以车载斗量的知识，而是去体会读书中获得的那些心灵无可计算的智慧。可是如何将书本里的知识转化为智慧呢？葛兆光先生以旅途为喻，人何必处处拍照留影，处处题“到此一游”，那山水溪石林壑松风在心头留下些快意，残存半分温馨，让人回想起来就忘却了尘世的疲惫与困惑，这就够了。而这需要的恰是一种非功利化的读书态度。

第十三节

赵丽宏《阅读改变人生》

阅读可以使你活几十次，可以走到很多你无法了解的人生中去。

【作者简介】

赵丽宏，1952年出生于上海，著名的作家、散文家、诗人，1982年毕业于华东师大中文系。1983年加入中国作家协会，并开始发表作品。历任全国政协委员、上海市人民政府参事、中国作家协会全委会委员、中国散文学会副会长、上海作家协会副主席、《上海文学》杂志社社长、华东师范大学、交通大学兼职教授等职。著有诗集《珊瑚》《沉默的冬青》《抒情诗151首》等，散文集《生命草》《诗魂》《爱在人间》《岛人笔记》《人生韵味》《赵丽宏散文》等，报告文学集《心画》《牛顿传》等以及《赵丽宏自选集》（四卷），共60余部。另有文学评论、电影文学剧本多种，多篇作品被选入语文教科书。赵丽宏在《阅读改变人生》中抒写了自己在读书历程中的真挚情感。

【选文呈现】

一本好书，可能是一个智者用一生的时间去寻找，去追求，去表达的。而我们作为读者，只要花几个小时，花几天，就可以读完一个智者一生的追求。

我童年的理想其实不是当作家，而是当音乐家、当画家。但是，最使我依恋的、影响我最深的还是书。我很幸运，我的姐姐是个文学青年。我五六岁的时候，姐姐已经读初中，那时候她不断从学校借各种书回来，像《红与黑》《悲惨世界》等，我最初的阅读就是从姐姐借的书开始的。姐姐借回来什么书，我就读什么书，而且有时候我读得比她还快。虽然我的阅读是不加选择、囫囵吞枣、似懂非懂的，但不管读不读得懂，我一定是把它从头读到尾。现在回想起来，这种大量的不求甚解的阅读对于一个人的成长是非常有意义的。

一个人的人生其实是非常简单的。你的寿命再长，精力再丰富，也只能看到这个世界一个小小的角落，也只能经历漫长历史的一个瞬间。但是，有一件事可以改变它，那就是阅读。阅读可以使你活一次，活几次，活几十次，可以走到很多你无法了解的人生中去，可以走到一些你永远无法到达的地方。我想，阅读是个最有价值的事情，是最划算的事情。一本好书，可能是一个智者用一生的时间去寻找，去追求，去表达的。而我们作为读者，只要花几个小时，花几天，就可以读完一个智者一生的追求。我们每个人都有这样的经验，你们到今天一定都读过很多书，有意识或无意识的，这种积累，对一个人的人格和思想的形成是非常重要的。

大概是读初中的时候，我开始接触诗歌和散文。那时候很喜欢两本书，一本是泰戈尔的《飞鸟集》，我很偶然地得到了郑振铎翻译的这本书，第一次它就把我迷住了。薄薄的一本，都是很短的篇幅，几十个字，几百个字，都没有具体故事，有时候是对风景的描写，有时候是心情的抒怀，有时候是很神秘的，你不知道它在写什么，但很拨动你的心弦，感动你的灵魂。另外一本就是鲁迅的《野草》。我读过鲁迅所有的文字，我认为鲁迅是个非常了不起的作家，中国“五四”以来的现代作家，还没有一个能超出鲁迅。我喜欢鲁迅的《野草》，它跟《飞鸟集》相比，我觉得有异曲同工之妙，也是很短的一段段文字能引起人的无限遐想。当然我也喜欢《朝花夕拾》，那是写他的童年和故乡的，写得很有感情，很有情趣。

我读高一的时候，正值文化大革命开始，生活一下子发生了很大的变化。那时候，绝大多数我迷恋过、崇拜过、喜欢过的艺术和文学作品，都受到了批判，都不能再读了。尽管如此，我还是继续我的爱好，读我自己喜欢的书。我通过各种各样的方式寻找书。我当时经常在废品回收站的门口呆着，看到有人来卖书，我就把他拦下来，然后用很少的钱买下一些书。我还经常去上海的旧书店，那是我小时候经常去的地方，那里经常有一些很好的书，因为是旧书，很便宜，我记得我花一毛钱就可以买到一部长篇小说。“文革”开始后，都变成了清一色的书，都是红皮和白皮的，但是我还是去，希望有点发现。

我中学毕业那一年是1968年，正好赶上中央号召全国知识青年到农村去接受贫下中农再教育。于是，我选择去了我的故乡崇明岛。记得当时我是一个人背着简单的行李到乡下去的，去的时候心情灰暗，因为不知道自己的前途将会怎么样。书改变了我的生活。我对书有一种本能的直觉，只要根据段落排序就能判断是政治书还是文学书。那时得到的书，有的现在对我说还是受用的。其中有一本叫《西窗集》，是上世纪三十年代卞之琳翻译的外国现代派的一些作品，其中有里尔克、普鲁斯特、都德等作家，当时的卞之琳只有二十七岁，这本书是他在阅读原著的基础上，挑选他喜欢的作家编辑而成的。书中的作家在八十年代之后，受到我们很大的关注。在《西窗集》中，第一部就是普鲁斯特的文章，叫《记忆和睡眠》，其实就是他的长篇小说《追忆似水年华》的第一章。这是普鲁斯特文章的第一个中译本，虽然没有译完全，但我已经非常满足了。

那时候我在读书之余，做一些笔记和写作，当然，当时我没有想过以后要做作家，写的东西要发表之类的问题，只是用写作来排遣寂寞的时光、来抒发我内心的情感而已。在我的笔记中，我写我的生活、写我周围的人物，是用文字来给我周围的人画素描，同时也将我看到的大自然的变化描画出来。有时候写一些阅读感受，为什么我喜欢这本书而不喜欢那本书。这些文字，在我现在看来仍然是非常真实的，因为当时从来都没想过要用这些文字换取什么、取悦什么，只是在真实地表露自己的情感。

一个人的人文素养中没有阅读经验，他的人生可能是残缺的，他的精神也可能是残缺的。不管将来做什么，但希望和文学结伴，让文学成为终身的朋友。

（摘自上海作家协会副主席赵丽宏在华东师范大学《阅读改变人生》的演讲）

【选文助读】

赵丽宏小的时候，他的姐姐借回来什么书，他就读什么书。虽然阅读是不加选择、囫囵吞枣、似懂非懂的，但是不管读不读得懂，他认为这种大量的不求甚解的阅读对于他的成长是非常有意义的。在赵丽宏看来，一本好书，可能是一个智者用一生的时间雕琢而出的，而读者只要花费不多的时间就可以读完一个智者一生的智慧结晶，阅读可以称得上是最有价值且最划算的事情了。他认为一个人的寿命再长，精力再丰富，也只能看到这个世界一个小小的角落，只能经历漫长历史的一个瞬间。但是，阅读可以改变这样的状况。阅读可以使人在精神与情感上活几次，活几十次，可以走到很多自己无法了解的人生中去，可以走到一些自己永远无法到达的地方，让生命变得更加丰富多彩。长时间的阅读积累，对一个人的人格和思想的形成是非常重要的。倘若一个人的人文素养中没有阅读经验，他的人生和精神便是残缺的。与文学结伴，让文学成为终身的朋友会使人受益无穷。

第十四节
贾平凹《谈读书》

切切又不要忘了精读，真正的本事掌握，全在于精读。

【作者简介】

贾平凹，1952年生于陕西省商洛市丹凤县棣花镇，当代著名作家。1975年毕业于西北大学中文系。1982年后就职西安市文联，专职作家，从事专业创作。任全国政协委员，陕西省作家协会主席，西安市人大代表。1992年创刊《美文》。1997年凭借《满月儿》，获得首届全国优秀短篇小说奖。2003年，先后担任西安建筑科技大学人文学院院长、文学院院长。2008年凭借《秦腔》，获得第七届茅盾文学奖。2011年凭借《古炉》，获得施耐庵文学奖 。在小说、散文方面均颇有建树，被誉为“鬼才”。《读书要读精品》是贾平凹关于读书方法的体悟。

【选文呈现】

人活着不能没有钱，但只要有一碗饭吃，钱又算是什么呢？穷不是咱们的错，书却会使咱们位低而人品不微，贫困而志向不贱。中学生朋友，一定要把书看重，什么都不要眼红，但可眼红读书，朋友可以不交或少交，书之友不能一日不交。贫困倒是当作家的准备条件，书是忌富，人富则思惰，要学会逼自己静心读书，深知书中精义。

好读书的坏处自然很多。譬如终生受穷别想当官，没个好身体，不是好丈夫，没有好人缘，性格古钻。但是，能好读书必有读书的好处，譬如能说天地之大，能晓人生之难，有自知之明，有预料之先，不为苦而悲，不受宠而欢，寂寞时不寂寞，孤单时不孤单，所以绝权欲，弃浮华，潇洒达观，于嚣烦尘世而自尊自重自强自立，不卑不畏不俗不谄。

凡能找到的书，不管文学、政治、哲学、历史、美学、天文、地理、医药、建筑、美术、乐理……都要读读，若读书面窄，借鉴就不多，思路就不广。但是，切切又不要忘了精读，真正的本事掌握，全在于精读。世上好书，浩如烟海，一生不可能读完，而且有的书虽好，但不能全为之喜爱。比如我一生不喜食肉，但肉确实是世上好东西。你若喜欢一本书了，不妨多读。第一遍可囫囵吞枣读，这叫享受；第二遍就静心坐下来读，这叫吟味；第三遍便要一句一句想着读，这叫深究。三遍读过，放上几天，再去读读，常又会有再新再悟的地方。

读书要读精品，你真真爱上一本书了，可以在一个时期多找些作家的书来读，读他们长中短篇，或者散文、诗歌甚至理论，再读外人对他的评论，所写的传记，也可再读和他同期作家的一些作品。这样，你就知道他的文了，更知道他的人了，明白当时是什么社会，如何的文坛。他的经历、性格、人品、爱好等等是怎样促使他的风格的形成。大凡世上，一个作家都有自己一套手法，都是有迹而可觅寻，当然有的天分太高了，但不是一时一阵便可理得清的。我读中国的老庄、太白、东坡诗文，读外国的泰戈尔、川端康成、海明威之文，便至今于起灭转接之间不可测识。说来，还是我读书太多，悟觉浅薄啊！如此这番读过，你就不要理他了，将他丢开，重新进入另一个大家。

文学（乃至其他任何艺术）是在突破中前进，你要时时注意，前人走到了什么地方，同辈人走到了什么地方？任何大家，任何名著，你只能继承，不能重复，当你学习它的时候，必须将它拉到你的脚下来读。这不是狂妄，这正是知其长、晓其短，师精神而弃皮毛啊。虚无主义可笑，但全然跪倒来读，他可以使你得益，也可能使你受损，永远在他屁股后面了。

（中国社会科学网，2014年04月28日）

【选文助读】

在贾平凹看来，读书有诸多好处。“能说天地之大，能晓人生之难，能有自知之明，能有预料之先，不为苦而悲，不受宠而欢，寂寞时不寂寞，孤单时不孤单，所以绝权欲，弃浮华，潇洒达观，于嚣烦尘世而自尊自重自强自立，不卑不畏不俗不谄。”贾平凹认为读书有三种要法。第一，必须博览。凡能找到的书，无论文学、政治、哲学、历史、美学、天文、地理、医药、建筑、美术、乐理……都要读读，读书面窄，见闻少，思路也会受到限制。第二，精读好书。真正的本事掌握，全在于精读。若是喜欢一本书，一定要多读。第一遍读时囫囵吞枣享受书中乐趣；第二遍静心品读，吟味书中精髓；第三遍思索着读，深究书中要妙。三遍读过，隔一段时间，再去读读，又会温故而知新。第三，有中心地广读。在一个时期找一个作家的书来读，读他的长中短篇、散文、诗歌甚至理论，再读外人对他的评论以及传记，甚至读和他同期作家的一些作品来进行比较。这样便能对他的文、他的人、当时的社会和文坛，甚至他的经历、性格、人品、爱好、风格的形成都了如指掌。另外，在读任何名著的时候，不怀着膜拜的心理，是知其长、晓其短，师精神而弃皮毛的前提。

第十五节

曹文轩《闲话读书》

读书时，举一反三，很强健地去扩大知识。

【作者简介】

曹文轩，1954年生于江苏盐城龙港村，1974年，被北京大学图书馆系录取，后转入中文系学习，毕业后他因成绩优异被留校。他精擅儿童文学，是中国作家富豪榜当红上榜作家，中国作协全国委员会委员，现为北京大学中文系教授和现当代文学博士生导师。任北京作家协会副主席、当代文学教研室主任、儿童文学委员会委员、中国作家协会鲁迅文学院客座教授。其短篇小说《弓》和《哑牛》分别获得1982年《儿童文学》《少年文艺》优秀作品奖，《再见了，我的小星星》获得第一届全国优秀儿童文学奖。长篇小说《山羊不吃天堂草》获第三届宋庆龄儿童文学奖金奖。他的小说《蓝花》《红葫芦》《三角地》《红瓦》《根鸟》《青铜葵花》等也荣获多种奖项。2016年4月4日，曹文轩摘得国际儿童读物联盟（IBBY）2016年度“国际安徒生奖”。《闲话读书》中曹文轩强调了关于读书的几点禁忌。

【选文呈现】

就读书本身来讲，自然还得有所讲究。有这些讲究，才能有助于将书读好。

读书应有停顿——突然地中断阅读而思考已被阅读的那些东西。当然，一般俗众的阅读，完全没有必要这样要求。俗众的读书与读书人的读书应作两回事看。前者是一种被动的阅读，是不费神的，费神就违背俗众读书的本意了！他们的本意是消遣。而读书人的阅读！固然不能排除消遣这一层次，但绝非满足滞留在这一层次上。读书人的读书带了联想与思考的痛苦。他们的阅读快感，不是在被动接受上，而是在接受时不断扩大收获的过程中。这就像两个儿子接受遗产，大儿子仅仅看到了他所继承的那部分产业，而二儿子却把他继承的那部分产业当成了资本，而看到了投资后的扩大、再扩大的辉煌景象。读书人得有那二儿子的活泛思路与主动精神。

世间有许多读书种子。但他们的读书似乎与他们的精神无补，反而读成呆子，读成迂腐可笑之人。曹聚仁先生说他曾听说过浙江金华有个姓郭的，书读到能将《资治通鉴》背诵一番的程度，但写一个借伞的便条，却写得让人不堪卒读（那便条写了五千余字）。读书多，莫过于清朝的朴学家，然而，像章太炎那样令人钦佩的朴学大师又有几个？我认得一位教授先生，只要提起他来，人们第一句话便是：此人读书很多。然而，他的文章我才不要看。那文章只是别人言论的连缀与拼接，读来实在觉得没有意思。读书不是装书。读书用脑子。脑子给了读书人，是让读书人读书时，能举一反三，能很强健地去扩大知识的。箱子便只能如数装书，有些人读一辈子书，读到终了，不过是只书箱子而已。

从前有不少人琢磨过如何读书。阮葵生在《茶余客话》中有段文字："袁文清公桷，为湘江世族，受业王深甯之门，尝云：'予少年时读书有五失：泛观而无所择，其失博而寡要；好古人言行，意常退缩不敢望，其失懦而无立；纂录故实，一未终而屡更端，其失劳而无功；闻人之长，将疾趋而从之，辄出其后，其失欲速而好高；喜学为文，未能蓄其本，其失又甚焉者也。'"袁氏之言，我虽不敢全部苟同，但大都说在了读书失当的要害之处。而其中"好古人言行，意常退缩不敢望"，我以为是读书的大忌。

（《应用写作》2001年09期）

【选文助读】

曹文轩认为读书必须要有讲究。有了讲究，才能有助于将书读好。俗众的阅读与读书人的读书不应该混淆。俗众的读书是一种被动的阅读，是不费神的，费神就失去了读书应有的乐趣。而读书人的读书带着联想与思考的痛苦，他们阅读的快感也正建立在读书时主动接受并且不断获得收获的基础上。因此，读书人在读书的过程中必须要有停顿，突然地中断阅读而思考已被阅读的那些东西。此外，读书人在读书的过程中必须要积极思考，要用脑子，而不是一味地装书。在读书时，认真探索，深入思索，举一反三，很强健地去扩大自己的知识。曹文轩还提出读书时要忌泛观而无所择，忌欲速而好高，忌对古人言行退缩不敢望，读书的要害便在于没有自己的见解，不敢怀疑前人的言论。

第十六节
陈平原《读书，读什么书？》

多读好书，不读坏书。

【作者简介】

陈平原，1954年生于广东潮州。1978年入中山大学中文系，1984年于中山大学获文学硕士学位，1987年于北京大学获文学博士学位。任教于北京大学，现为博士生导师，中文系现代文学教研室主任，北京大学二十世纪中国文化研究中心学术委员会主任。著有《文学史的形成与建构》《中国现代学术之建立》《中华文化通志·散文小说志》《老北大的故事》《陈平原小说史论集》《中国小说叙事模式的转变》《千古文人侠客梦——武侠小说类型研究》等作品。《读书，读什么书？》是陈平原关于如何选择可读的好书的体会。

【选文呈现】

小时候背了许多关于读书的诗歌与格言，概括成一句话，那就是“开卷有益”。在书山文海里折腾了几十年，自觉略有长进，悟出的窍门竟是：“开卷”未必“有益”。说来令人扫兴，就连这点可怜的心得，也都让古人占了先。孟子说“尽信书则不如无书”，这还算客气的，李贽的话更狠毒：“世上何人不读书，书奴却以读书死。”

拒绝当“书奴”，很想挺起腰杆，认认真真读书，堂堂正正做人。虚心请教饱学之士，得到的竟又是一句大白话：多读好书，不读坏书。可什么是“好书”？不要说宋元明清说法不一，即便举世豪杰，也都各说各的。至于因时势变迁而“好书”变“坏书”、“坏书”变“好书”，这样“充满辩证法”的戏剧性场面，已经看得够多了，你让我听谁的？最保险的或许是像韩愈所说，“非三代两汉之书不敢观”；因历经千年风浪，能传下来的一般都是好书。可即使你放宽眼界，把古希腊、古印度也算上，只读古代经典者，其知识结构仍嫌过于陈旧残缺。

于是有了一种变通的说法："读名著"。马上碰到的问题是：什么时候并由谁来确定何者为"名著"？爱默生在介绍其读书经验时称：非名著不读；出版不到一年的书不读。这里似乎有个不大现实的假设：书籍出版一年后，便能大致判定其价值。人类文化史上，好书长时间被埋没的例子不胜枚举。至于学识渊博且出以公心的"大家"，也有看走眼的时候；更不要说浅学之士的信口雌黄。世人以为"名著"者，未必我喜欢；反过来，令我心灵颤动、眼界大开的好书，世人未必承认是"名著"。

不过，话虽如此，还是希望有人提醒我，这百年、这十年乃至这一年出版的书籍中，哪些值得一读。走进越来越拥挤的图书馆，或者越来越萧条的书店时，这种感觉十分强烈。古人说，"通千曲而后知音，观千剑而后识器"，这话绝对正确；可现代人没时间一切从头摸索，不能不借助专家的指点。朋友见面，第一句话常常是："最近有什么好书?"好书不常见，埋没了实在可惜；偶尔见到称心如意者，朋友们便会奔走相告。可惜，这样的机会并不多。

暂时把"好书"的范围缩小，就谈学术著作吧。以中国学术人口之庞大，即便专业性较强的书，也不该像现在这样被冷落。如今是写书的埋怨出书的，出书的埋怨卖书的，卖书的埋怨买书的，买书的埋怨写书的……如此循环往复，几乎成了解不开的"死结"。没有人敢立下军令状，保证三年五载扭转乾坤；可同样也没有人敢断言，这"死结"永远解不开。相信会有许多"突围"的办法，我只能设计最简单的：从书评入手。

在我看来，告诉读者什么书是好书，远比谩骂满街都是坏书重要得多。相对来说，只要有勇气，骂坏书远比评好书容易。后者除了学识与眼力，还要求认真的阅读，不是每个人都能做或都愿意做的。评书需要顾及整体，落笔时不免字斟句酌；骂人则可以攻其一点不及其余，尽可“潇洒走一回”。世人普遍欢迎骂人的文章，因其“痛快”。可对于真想读书的人来说，这种“痛快”的文章其实意义不大。何况对于出版业来说，更重要的是推出好书。

如此说来，书评很重要。其实道理谁都懂，就是操作起来难度很大。单看目前国内出版的若干关于读书的报刊，不是读后感，便是借题发挥(还不算哥儿们之间的互相吹捧与门户之间的互相辱骂)，难得真正意义上的“书评”，你就能想像得到此事并不那么简单。

“借题发挥”的文章近乎散文随笔，好写也好读，目前是各读书报刊的门面。笔者不才，也曾滥竽几回。以我个人的经验，写此类文章时可以不读书，读此类文章后可以不买书。这种文章自有价值，可若想将其作为“购书指南”，则必然大失所望——人家本来就没这种设想，谁让你自作多情？至于“读后感”，作者往往因学识所限，只能连摘带抄，根本无力加以评判。大众化的读物，“借题发挥”或“读后感”都还能对付；专业性稍强的，可就徒唤奈何了。

书评而以文采见长，这与目前报刊发表的谈书的文章，大都出于作家或记者之手有关。单看介绍，似乎遍地珠玑；可若按图索骥，难免大呼上当。

也怨学者失职，不该让好书坏书二锅煮。可从事专业研究的人，谁愿意花半月时间读一本几十万字的大书，再花一周时间写一篇千字短文？况且，这又不算什么学术成果，评职称时用不上。而专业的书评家(在中国有没有是另一回事)，知识面再广，也不可能了解那么多领域的学术进展，必然只能。统而言之大而化之，抄一点作者的前言后记，再研究一点笔墨情趣。这种“书评散文化”的倾向，并非自今日始，但确实是随着近年“散文随笔热”的兴起而进一步强化。

书评的建设，有赖于学界与新闻出版界的共同努力。大方针管不了，我只能想些小问题。比如，能否聘请不同领域的专家作为顾问，定期推荐书目，再由报刊编辑组织撰写书评？又比如，书评的撰写，能否少一点文学色彩，多一点学术性？还有，能否大幅度提高真正的书评的稿费？最后一点，“一说便俗”，可又不能不说。实在想不出什么高招，如此。鸡零狗碎，但愿能免不贤识小之讥。

（陈平原著,《漫卷诗书 陈平原书话》,

浙江人民出版社1997年7月）

【选文助读】

在书山文海里折腾了几十年，自觉略有长进的陈平原先生悟出的窍门就是："开卷"未必"有益"。为了防止这一现象，他提出要多读好书，不读坏书。可是该如何去选择所谓的好书？非名著不读吗？他认为未必如此。在人类文化史上，好书长时间被埋没的例子也是不胜枚举。就算是学识渊博且出以公心的"大家"，也有看走眼的时候，更不要说浅学之士的信口雌黄。世人以为"名著"者，未必读者自己就能喜欢。反过来，令读者心灵颤动、眼界大开的好书，世人未必承认是"名著"。因此，要为名著立下标尺是非常难的。在陈平原看来要告诉读者什么书是好书远比谩骂满街都是坏书重要得多。如何确定好书，好的书评是测量好书的标尺。

第十七节
莫言《童年读书》（节选）

读书是人生最大的乐趣。

【作者简介】

莫言，本名管谟业，1955年出生在山东省高密县大栏乡平安庄，当代著名作家。1981年5月，莫言公开发表的第一篇小说《春夜雨霏霏》。1986年，毕业于解放军艺术学院文学系。2008年，莫言凭借《生死疲劳》获得红楼梦奖以及美国纽曼华语文学奖。2011年，莫言获得韩国万海文学奖，成为首个获得该奖的中国作家，并且凭借《蛙》获得茅盾文学奖。2012年10月11日，莫言获得2012年诺贝尔文学奖。2016年12月，当选中国作家协会第九届全国委员会副主席。著有《红高粱家族》《天堂蒜薹之歌》《丰乳肥臀》《檀香刑》《生死疲劳》《蛙》等作品。《童年读书》是莫言对童年迷恋读书的趣事的回顾。

【选文呈现】

我童年时的确迷恋读书。那时候既没有电影更没有电视，连收音机都没有。只有在每年的春节前后，村子里的人演一些《血海深仇》、《三世仇》之类的忆苦戏。在那样的文化环境下，看“闲书”便成为我的最大乐趣。我体能不佳，胆子又小，不愿跟村里的孩子去玩上树下井的游戏，偷空就看“闲书”。父亲反对我看“闲书”，大概是怕我中了书里的流毒，变成个坏人；更怕我因看“闲书”耽误了割草放羊；我看“闲书”就只能像地下党搞秘密活动一样。后来，我的班主任家访时对我的父母说其实可以让我适当地看一些“闲书”，形势才略有好转。但我看“闲书”的样子总是不如我背诵课文或是背着草筐、牵着牛羊的样子让我父母看着顺眼。人真是怪，越是不让他看的东西、越是不让他干的事情，他看起来、干起来越有瘾，所谓偷来的果子吃着香就是这道理吧。我偷看的第一本“闲书”，是绘有许多精美插图的神魔小说《封神演义》，那是班里一个同学的传家宝，轻易不借给别人。我为他家拉了一上午磨才换来看这本书一下午的权利，而且必须在他家磨道里看并由他监督着，仿佛我把书拿出门就会去盗版一样。这本用汗水换来短暂阅读权的书留给我的印象十分深刻，那骑在老虎背上的申公豹、鼻孔里能射出白光的郑伦、能在地下行走的土行孙、眼里长手手里又长眼的杨任，等等等等，一辈子也忘不掉啊。所以前几年在电视上看了连续剧《封神演义》，替古人不平，如此名著，竟被糟蹋得不成模样。其实这种作品，是不能弄成影视的，非要弄，我想只能弄成动画片，像《大闹天宫》《唐老鸭和米老鼠》那样。

后来又用各种方式，把周围几个村子里流传的几部经典如《三国演义》《水浒传》《儒林外史》之类，全弄到手看了。那时我的记忆力真好，用飞一样的速度阅读一遍，书中的人名就能记全，主要情节便能复述，描写爱情的警句甚至能成段地背诵。现在完全不行了。后来又把“文革”前那十几部著名小说读遍了。记得从一个老师手里借到《青春之歌》时已是下午，明明知道如果不去割草羊就要饿肚子，但还是挡不住书的诱惑，一头钻到草垛后，一下午就把大厚本的《青春之歌》读完了。身上被蚂蚁、蚊虫咬出了一片片的疙瘩。从草垛后晕头涨脑地钻出来，已是红日西沉。我听到羊在圈里狂叫，饿的。我心里忐忑不安，等待着一顿痛骂或是痛打。但母亲看看我那副样子，宽容地叹息一声，没骂我也没打我，只是让我赶快出去弄点草喂羊。我飞快地蹿出家院，心情好得要命，那时我真感到了幸福。

我的二哥也是个书迷，他比我大五岁，借书的路子比我要广得多，常能借到我借不到的书。但这家伙不允许我看他借来的书。他看书时，我就像被磁铁吸引的铁屑一样，悄悄地溜到他的身后，先是远远地看，脖子伸得长长，像一只喝水的鹅，看着看着就不由自主地靠了前。他知道我溜到了他的身后，就故意地将书页翻得飞快，我一目十行地阅读才能勉强跟上趟。他很快就会烦，合上书，一掌把我推到一边去。但只要他打开书页，很快我就会凑上去。他怕我趁他不在时偷看，总是把书藏到一些稀奇古怪的地方，就像革命样板戏《红灯记》里的地下党员李玉和藏密电码一样。但我比日本宪兵队长鸠山高明得多，我总是能把我二哥费尽心机藏起来的书找到；找到后自然又是不顾一切，恨不得把书一口吞到肚子里去。有一次他借到一本《破晓记》，藏到猪圈的棚子里。我去找书时，头碰了马蜂窝，嗡的一声响，几十只马蜂蜇到脸上，奇痛难挨。但顾不上痛，抓紧时间阅读，读着读着眼睛就睁不开了。头肿得像柳斗，眼睛肿成了一条缝。我二哥一回来，看到我的模样，好像吓了一跳，但他还是先把书从我手里夺出来，拿到不知什么地方藏了，才回来管教我。他一巴掌差点把我扇到猪圈里，然后说：活该！我恼恨与疼痛交加，呜呜地哭起来。他想了一会儿，可能是怕母亲回来骂，便说：只要你说是自己上厕所时不小心碰了马蜂窝，我就让你把《破晓记》读完。我非常愉快地同意了。但到了第二天，我脑袋消了肿，去跟他要书时，他马上就不认账了。我发誓今后借了书也决不给他看，但只要我借回了他没读过的书，他就使用暴力抢去先看。有一次我从同学那里好不容易借到一本《三家巷》，回家后一头钻到堆满麦秸草的牛棚里，正看得入迷，他悄悄地摸进来，一把将书抢走，说：这书有毒，我先看看，帮你批判批判！他把我的《三家巷》揣进怀里跑走了。我好恼怒！但追又追不上他，追上了也打不过他，只能在牛棚里跳着脚骂他。几天后，他将《三家巷》扔给我，说：赶快还了去，这书流氓极了！我当然不会听他的。

……

（莫言著，《莫言散文》，浙江文艺出版社2012年10月）

【选文助读】

莫言用幽默的笔触对自己童年的读书趣事进行了回顾。喜爱读书的莫言为了能够读到书，想尽千方百计，受过无数苦痛折磨。他为读书耽误过割草放羊、为同学家拉过磨、钻进草垛被蚊虫叮了满身包、找二哥藏的书时被马蜂蜇过脸、被同学当众羞辱……在这样的情况下，莫言读了《封神演义》《三国演义》《水浒传》《儒林外史》之类的书，还看过《青春之歌》《三家巷》《钢铁是怎样炼成的》等书。在读书的过程中，随着故事情节的发展，他或怀着甜蜜的忧伤，或对书中人物魂牵梦萦，痴迷陶醉地沉浸在书里，就连身上被蚂蚁、蚊虫咬出了一片片的疙瘩也不察觉，头发被灯火烧焦也不知道。莫言对书的情感已经超越了喜爱，简直是痴迷了。怀着对书的迷恋和追寻，他的童年必然是丰富且充满诗意的。

第十八节
刘震云《童年读书》

书中清香涤心智。

【作者简介】

刘震云，1958年生于河南新乡延津县，著名作家。1978年考入北京大学中文系，是当年高考河南省文科状元。1988年至1991年曾到北京师范大学、鲁迅文学院读研究生。1982年开始创作，现为中国作家协会全国委员会委员、北京市青联委员、一级作家。著有《故乡天下黄花》《手机》《我叫刘跃进》《一句顶一万句》《我不是潘金莲》《塔铺》《一地鸡毛》《官场》等作品，被称为“新写实主义”作家。他的多部作品被改编为影视作品，产生了强烈的反响。《童年读书》是刘震云对自己小时读书记忆的回顾。

【选文呈现】

一提起读书，就让人想起了自己的童年。因为人第一次接触书，大都在童年时代。记得在我童年时候，给我印象最深的一篇课文叫《我要读书》，里面写了一个穷苦孩子对知识的向往和读书的不易。我小时读书，也是外祖母卖了头上的簪子，把我送进学堂的。记得学堂原是村中一个牛屋，墙上掏了几个洞；课间从洞里爬出去，就到了麦草堆里；记得老师叫孟庆瑞，年长慈祥，长留在我的记忆里——仔细算起来，那时他也就三十来岁吧。我现在仍记得第一次发书时，我闻到那书的油墨的清香；放学回家，还放到外祖母鼻子下让她闻。从那时到现在，再没有闻到那么清香的书本了。那时的书本，怎么就那么香。

书发到手，接着就是包书皮。外祖母不识字，把读书看得特别神圣和不易。她拿着书本用眼睛照：“打死我也学不会。”听说我要包书皮，从箱底把她最珍贵的一叠绿花格子油纸拿了出来——这是乡下人出嫁闺女时贴箱底用的。在我上学的问题上，父母不大负责任。当时我的父亲在县城当职员，母亲在废品厂整理破烂；他们说本来家里生活就紧张，小小年纪上什么学。他们不知道这上学的机会多么难得：多少年村中无学校，一九六三年，来了一个孟庆瑞老师，村里的顽童，十几岁的也有，像我这样五六岁的也有，全部鱼龙混杂在孟老师的门下。错过这个机会，何年何月才能再上学？何况别人都去上学，剩下我一个人脱离、游离大家，也让人感到孤单和不放心。我听到消息，从野地里光着身子旋风般到家，向外祖母哭闹。外祖母虽然目不识丁，但深明大义，从头上摘下簪子，到镇上卖了五块钱，手拉手把我送进了学堂，又闻了我的书香，替我包了书皮。

闻过书香，包过书皮，接着开始学书中的内容。无非是“大、小、多、少、上、下、左、右”这些既简单又一辈子难以弄懂它们深刻意蕴的单字。为了学会这些既复杂又简单的文字表皮，我多次在油灯下犯难。一次啼哭着去请教一位表兄，被他拒绝。这位表兄的父亲，上私塾时潇洒无比，把书上犯难的字都抠了下来：“哪里短这几个字！”轮到表兄，却对字如此吝啬。回到家外祖母劝我：“学了一天脑子糊住了，要不先睡，明天五更我纺花的时候，把你喊起来。”五更鸡叫，是外祖母每天起床劳作的开始。第二天早上外祖母把我喊起来，在纺车的“嗡嗡”声中，我突然看懂了书上的字：“姥娘，我会了。”外祖母摇着纺车，脸上露出了笑容。

等这些字从外形上认识得差不多了，我的父母来了，说为了更好地读书，要把我接到城里。这使我很愤怒。我自小跟外祖母长大，现在为了读书，我要告别外祖母。一方面我感到自己读书的失败，世界正在给我编织阴谋；另一方面，我对书本开始产生拒绝。

我在村里学习成绩很好，到了城里却一落千丈。老师、父母，都对我非常失望。

直到这年的中秋节，姥姥带着我的弟弟到县城来看我，母亲唠叨我学习如何不好，外祖母拉着我的手一言不发。这时我看到了外祖母灰白的头发上，插着一根秫秸，我想起了她送我上学卖掉的簪子。我知道，那根簪子，是五十年前外祖母出嫁时，她娘给她的陪嫁。

这一年的下一学期，我的学习成绩上去了。城里的老师又说："乡下来的孩子，就是比城里的孩子用功。"

（侯德云主编，《青少年受益一生的名人读书经验》，
九州出版社2008年10月）

【选文助读】

刘震云先生说他童年时候印象最深的一篇课文叫《我要读书》，里面写了一个穷苦孩子对知识的向往和读书的不易。读他的《童年读书》，我们发现他恰恰就是那个读书不易的穷苦孩子。每个人都有自己童年读书的故事，如果用几个关键词来概括刘震云先生的童年读书，那么应该就是"外祖母""簪子"和"书香"。小时读书，父母并不支持，是外祖母卖了头上的簪子，把他送进学堂的。第一次发书时，他闻到那书的油墨的清香，放学回家，还放到

外祖母鼻子下让她闻。外祖母用她最珍贵的油纸给他包书皮。这些在记忆的画面终生难忘。因为外祖母他才能读书，而为了读书，他又不得不离开外祖母。他感觉到读书的失败，对书本产生抗拒，而恰恰又是外祖母让他重新用功读书。

第四章
名人阅读轶事

【导语】

中国作为世界四大文明古国之一，约有五千年的历史渊源。读书这一活动在距今两千多年的春秋时期就已经非常成熟且受到人们的重视，书籍和文字的传承使古人的智慧得以代代承继。在两千多年的读书史中，历朝历代都有勤学苦读终有所成的故事被传为佳话，激励着后辈们奋发向上。本章选取了各朝代较为典型的读书典故共二十六例，这些典故有的来源自民间传说，有的来源自历史或文学作品的记载。每一个典故背后的故事或扣人心弦，或耐人寻味，或发人深省。根据故事内容，这些典故大致可分为三种类型。第一，勤学不止类，如孔子读书韦编三绝、董仲舒下帷读书、黄霸狱中拜师学书、刘向燃藜获经、李密牛角挂书、杨大眼耳读、韩愈焚膏继晷、宋太宗开卷有益、苏舜钦《汉书》下酒、曾国藩一日三事等；第二，读书妙悟类，如轮扁以斫轮之术喻圣人之言、孟母为学习环境三迁其舍、孟子讽齐王一曝十寒、萧纲一目十行、李清照典衣治学等；还有穷且益坚类，如陈平忍辱苦读、路温舒编蒲勤学、朱买臣负薪读书、倪宽带经而锄、匡衡凿壁偷光、孙康映雪勤读、车胤囊萤苦学、高凤痴读流麦、施洋搓脚夜读等。前贤们读书时不畏艰难险阻，十年如一日坚持苦学的精神让人敬佩之情油然而生，“生也有涯,知也无涯”，盛年不重来,一日难再晨,愿君惜取读书时，及时以此勤自勉。

第一节

韦编三绝

【作者简介】

孔子（公元前551年—公元前479年），名丘，字仲尼，春秋时期鲁国陬邑（今山东曲阜东南）人，先世系宋国贵族，多才多艺，学识渊博。是中国著名的思想家、教育家，儒家学派的创始人，被后世统治者尊为孔圣人。相传孔子有弟子三千，其中七十二贤人，其中有很多皆为各国的高官栋梁。孔子的儒家思想对中国和世界都产生了深远的影响，被列为“世界十大文化名人”之首。

【典故呈现】

在孔子生活的春秋时期，还没有纸张，制作书籍的材料是竹子。将竹子削成片状的竹签，刮去上面青色的皮，用火烘干后把字刻在上面，称为“竹简”。竹简的长宽有一定的限制，一根竹简上多则能刻几十个字，少则只有八九个字。刻一部书需要许多竹简，刻完书的内容之后，将这些竹简按顺序用牛皮绳编联起来叫做“韦编”。《易经》是先秦时最古老的文献之一，是用阴阳两种元素的对立统一去描述世间万物变化的“卜筮”之书，晦涩难懂。像《易经》这样的书，字数非常多，必然是由许多竹简编联起来的，相当沉重。孔子晚年时开始学《易经》。孔子花了很大的精力，将《易经》反复研读了很多遍。孔子的多次翻阅把串联竹简的牛皮带子磨断了好几次，不得不换上新的再读。即使读到了这样的程度，孔子还说：“假如我能够再多活几年，就可以完全掌握《易经》的文字与内容了。”《论语·述而》载：“子曰：‘加我数年，五十以学《易》，可以无大过矣。’”，孔子认为如果五十岁就开始学习《周易》，那么就可以不犯大错误了。孔子一生修《诗经》、《尚书》，定《礼记》、《乐》，序《周易》，作《春秋》且致力于教育，为中华民族留下了宝贵的精神和物质财富。孔子的伟大成就与他勤奋读书、刻苦治学的精神是分不开的。

第二节

轮扁斫轮

【作者简介】

齐桓公（？－公元前643年），姜姓，名小白。公元前685－前643年在位，春秋时齐国第十五位国君，是春秋五霸之首。曾任管仲

为相，推行改革，实行军政合一、兵民合一的制度，使得齐国逐渐
强盛，是历史上第一个代替周天子充当盟主的诸侯。

【典故呈现】

春秋时期，齐国有一名擅长制作轮子的工匠，他叫扁。人们称他为“轮扁”，因为高超的制轮技艺，他被征召到齐国的王宫里制作车轮。有一天，齐桓公在堂上读书，而轮扁在堂下制作车轮。他看到齐桓公读书读得津津有味，不禁好奇地走到堂上去问道：“敢问大王，您读的是什么书啊？”齐桓公答道：“我读的是圣人的书，里面写的都是圣人说的话。”轮扁又问：“那么圣人现在都还活着吗？”齐桓公慨叹道：“他们已经不在了。”轮扁听后若有所思地说道：“既然这样，那您现在读的书不过是圣人留下的糟粕罢了。”齐桓公听了轮扁说的话，勃然大怒道：“寡人读书，哪里轮得到你一个做轮子的人妄作议论！你要是说出道理来，我就饶了你，不然我就要处死你！”轮扁认真地说道：“大王息怒，您看制作车轮这种工作，如果动作慢的话，虽然轻松省劲儿，但是做出的轮子不牢固。如果动作快的话，不仅很辛苦，而且做出来的轮子也不符合规格。只有不快又不慢才能得心应手地做出最好的轮子。制作车轮里面是很有讲究的。然而，这些技巧只可意会，不可言传。我不能把这其中的体验明白的告诉我儿子，我儿子也不能从我这里得到这样的经验。我现在已经七十岁了，还要一个人出来做轮子，

我是没法把这些体验传给别人的。等到我死了，我制作车轮的手艺也就随着我消失了。这就如同圣人的书一样，那些圣人所领会出来的精妙道理，即使如实地写在书里面，那些不可言传的精髓也已经同他们一起消亡了。所以我说他们在书里面留下的全是糟粕啊。”齐桓公听了轮扁的一番解说，也觉得确实有道理，因此没有再怪罪他。书本知识固然要学习，但是实践比读书更加重要。一些技巧和精妙的道理、心得只有在实践中才能学到。在学习和生活中将书本知识与实践结合起来会更有益。

第三节

孟母三迁

【作者简介】

孟子（约公元前372年—约公元前289年），名轲，字子舆，是战国时期伟大的思想家、教育家，儒家学派的代表人物。是仅次于孔子的儒家宗师，被称为“亚圣”，与孔子并称“孔孟”。其弟子及再传弟子将孟子的言行记录成《孟子》一书，倡导“以仁为本”。

【典故呈现】

孟子小的时候,父亲就去世了，母亲仉氏守节没有改嫁。一开始，孟子和他的母亲住在墓地旁边。孟子就和邻居的小孩一起学着大人跪拜、哭嚎的样子，玩办理丧事的游戏。孟子的母亲看到了，就认为这里不适合孩子居住。孟子的母亲就带着孟子搬到集市。到了集市上，孟子又和邻居的小孩学起商人做生意的样子。孟子的母亲就带着孟子搬家至屠场附近，这次，孟子又学起屠夫宰杀猪羊，孟子的母亲就带着孟子搬家至学校附近。每月夏历初一这个时候，官员到文庙，行礼跪拜，互相礼貌相待，孟子见了之后都学习记住。孟子的母亲非常满意地点头说：“这才是适合我儿子住的地方呀！”于是就居住在了这个地方。人们用“孟母三迁”的故事来说明环境能改变一个人的爱好和习惯。

第四节
一日曝之，十日寒之

【背景简介】

战国时代，百家争鸣，游说之风盛行。游说之士，不仅有高深的学问，而且善于用深刻生动的比喻来讽劝执政者。孟子是当时著

 名辩士，在《孟子》的《告子上》篇中有这样一段记载。

【典故呈现】

齐王昏庸，做事不持之以恒且轻信奸佞谗言。孟子对此非常不满，便对齐王说："您太不明智了。天下虽然有生命力顽强的生物，可是把它在阳光下晒一天，再放在阴寒的地方冻十天，它肯定活不成！我跟您在一起的时间非常短的，您即使有一点从善的决心，也不会我一离开你，就去听信那些奸臣哄骗的话，这样叫我怎么办呢？下棋看起来是件小事，但倘若不专心致志，同样是学不好的。全国最善下棋的能手奕秋有两个徒弟，其中一个专心致志，处处听从指导，另一个却老是盼着有大天鹅飞过来，好用箭射鹅。两个徒弟是一个师傅教的，又是一起学习的，然而成绩相差很大。这不是因为他们智力有什么差距，而是专心的程度不同！"后来的人将孟子所说的"一日曝之，十日寒之"精简为"一曝十寒"，用来说明修学、做事没有恒心，便无法取得理想的结果。

第五节

陈平忍辱苦读

【作者简介】

陈平，阳武（今河南原阳东南）人，伟大的谋略家。西汉王朝的开国功臣之一，官至宰相。

【典故呈现】

陈平年少时，家中十分贫困，同哥哥陈伯住在一起。他喜欢读书，尤其喜欢黄帝、老子的学说。陈平的哥哥见陈平喜欢交游，便承担了家中全部劳动，使陈平有时间出外游学。一年，正逢社祭，人们推举陈平为社庙里的社宰，主持祭社神，为大家分肉。陈平把肉一块块分得十分均匀。为此，地方上的父老乡亲们纷纷赞扬他分祭肉称职，陈平却感慨地说："假使我能有机会治理天下，也能像分肉一样称职。"陈平长得身材高大，相貌堂堂。有人对陈平说："你家里那么穷，你怎么长得这么魁梧？"陈平的嫂子恼恨陈平不从事劳动便说："也不过吃糠咽菜罢了，有这样的小叔子，还不如没有。"为了消弭兄嫂的矛盾，面对一再的羞辱，陈平隐忍不发。

随着大嫂的变本加厉，终于忍无可忍，陈平离家出走，欲浪迹天涯。被哥哥追回后，又不计前嫌，阻兄休嫂，在当地传为美谈。有一老者，慕名前来，免费收他为徒，陈平学成后，辅佐刘邦，成就了霸业。陈平忍辱苦读的故事说明了持之以恒且不怕艰难勤学苦读能够改变人生。

第六节
董仲舒下帷读书

【作者简介】

董仲舒（公元前179年－前104年）西汉思想家、政治家、教育家，唯心主义哲学家和今文经学大师，汉景帝时任博士，讲授《公羊春秋》。汉武帝元光元年（前134），武帝下诏征求治国方略，董仲舒在著名的《举贤良对策》中系统地提出了“天人感应”、“大一统”学说 “罢黜百家，独尊儒术”的主张为武帝所采纳，使儒学成为中国社会正统思想，影响长达两千多年。

【典故呈现】

董仲舒，因研究《春秋》，孝景帝时曾被拜为博士。他居家教书，每次总是放下室内悬挂的帷幕后讲诵，上门求学的人很多，不能一一亲授，弟子之间便依学辈先后辗转相传，有的人甚至没见过他的面。董仲舒足不出户，三年间不曾到屋旁的园圃观赏，他治学心志专一到了如此程度。他出入时的仪容举止，无一不合乎礼仪的矩度，学生们都师法、敬重他。董仲舒一心以研究学问写作论著为本职。自汉朝开国以来历经五朝，期间只有董仲舒对《春秋》最为精通，名望甚高。后人用董仲舒下帷讲学，三年不看窗外这件事来说明他专心治学的严谨态度。

第七节
温舒编蒲

【作者简介】

路温舒，字长君，钜鹿（今属河北）人。是西汉著名的司法官，信奉儒家学说。起初学习律令，当过县狱吏、郡决曹史，后来又学习《春秋》经义，举孝廉，当过廷尉奏曹掾、守廷尉史、郡太守等职。

【典故呈现】

路温舒的父亲任东里的监门一职，他每次让路温舒去牧羊时，路温舒就采集水中的蒲草，裁成简牍的形状，用绳子进行编缀，在上面写字。学习有了长进后，就请求做小狱吏，乘机学习律令，升转为狱史。县里遇到疑难案件，都向他请教。太守巡察各县，欣赏他的才能，就让他代行决曹史之职。后来他又拜师学习《春秋》，不断丰富自己的识见，被举为孝廉，做山邑县丞。后因犯法被免职，又做了郡的属吏。后来内史举荐路温舒为文学科的第一等，升为右扶风丞。之后，又升迁为临淮郡太守，政绩非常出色。后人用“温舒编蒲”这一典故来形容勤奋好学。

第八节
朱买臣负薪读书

【作者简介】

朱买臣，西汉吴县（今属江苏）人，字翁子。汉武帝时，为中大夫，累官至会稽太守、主爵都尉、丞相长史，位列九卿。

【典故呈现】

朱买臣家中非常贫穷，但他很爱好读书。因不治产业，四十岁时仍然是个落魄儒生，常常靠砍柴来换粮食维持生计。汉景帝前元三年（前154年），吴王刘濞以诛晁错为名，联合各诸侯拥兵造反，史称七国之乱。朱买臣夫妻俩为逃离战乱，背井离乡逃到大洲源（新安江的一条支流）人烟稀少的深山里，搭茅棚居住。夫妻俩经常同到山上砍柴，挑到山下去卖，维持生计。朱买臣在挑柴途中常背诵诗文，人们在背后笑他是个书痴，当作笑料传来传去。他的妻子感觉非常难堪，所以劝他挑柴时不要念书，以免被周围人当作笑柄。可朱买臣不听妻子的劝告，仍旧大声地吟诵，周围人都围过来看热闹。他的妻子感到特别羞愧，便与朱买臣解除婚姻，另嫁他人。后来朱买臣得到他同县人严助的推荐，面见皇帝之后，皇帝欣赏他的才华，授予他会稽太守一职。人们用“负薪读书”来形容处境艰难，仍不放弃读书的行为。

第九节

倪宽带经而锄

【作者简介】

倪宽，西汉千乘郡(今山东广饶)人，系长山石门倪氏先祖。他不仅是一位古代著名政治家，还是著名经学家、天文学家和水利专家，他历官至当代御史大夫，为西汉时期三公之一，后人皆称其为汉相名吏。

【典故呈现】

倪宽幼年丧父，家境贫寒，靠母亲做佣工维持生计。倪宽因贫穷而一直不能进塾馆读书。他十多岁时，又逢天荒灾年，与母亲流离失所，背井离乡。期间因其好学，得到安徽太和高士叫柳林的赏识，倪宽便一边跟柳林读书学习，一边学习捕鱼、种地。几年后，年境稍好一些，倪宽重归故乡。倪宽回到家乡后，一边助母亲操持家业，一边勤奋读书。成年后，被地方官衙选拔推荐至京师太学府做博士弟子，跟随名师孔安国学习。但因出身贫家，倪宽不得不经常干些农活来贴补抵用。倪宽每到田间劳作时，总是把经书绑在锄把上而带书锄地，休息时，又把经书解下来，到田边抓紧读书。他 “带经而锄”、勤奋好学的事迹在当时当地广为流传，成为佳话。

第十节
黄霸狱中拜师

【作者简介】

黄霸，字次公，淮阳阳夏（今河南太康）人，西汉大臣，事汉武帝、汉昭帝和汉宣帝三朝。黄霸自幼攻读法律之学，少有大志。汉武帝末年，捐官出仕，先后任河南太守丞、廷尉正、扬州刺史、颍川太守等地方官职。汉宣帝五凤三年，出任丞相，总揽朝纲社稷。甘露三年，黄霸去世，谥号定侯。黄霸善于治理郡县，为官清廉，外宽内明，文治有方，政绩突出，后世常将黄霸与龚遂作为“循吏”的代表，并称为“龚黄”。

【典故呈现】

西汉宣帝时夏候胜因为讲了汉武帝的缺点，被汉宣帝下狱。黄霸因受株连和夏候胜关在一起。黄霸知道夏候胜是研究《尚书》的专家，便向夏候胜请教，想要学习《尚书》。夏候胜看他非常诚恳，深受感动，答应了他的要求。从此，黄霸每天都坚持跟夏候胜学习，有时他听夏候胜讲解，有时自己背诵，有时两人相互探讨，过得非常充实。三年的监狱生活之后，黄霸不但没有变得意志消沉，反而学到了更多有用的知识。他出狱再受重用，狱中的学习使他如虎添翼。黄霸在艰苦的环境下仍然不放弃求学的刻苦精神令人钦佩。

第十一节
刘向燃藜

【作者简介】

刘向，中国西汉经学家、目录学家、文学家。原名更生，字子政。汉皇族楚元王丰县人刘交的四世孙。历经宣帝、元帝、成帝三朝。历任散骑谏大夫、散骑宗正、光禄大夫等职。

【典故呈现】

刘向读书非常刻苦，传说有一天他在天禄阁校书至深夜，烛尽灯灭后，仍在暗室中背诵经书。忽有一位黄衣老人，手柱青藜杖叩门进来，对着手中青藜杖顶端一吹，藜杖竟然燃烧起来，发出光芒，照亮了暗室。刘向见此，对老人肃然起敬，施礼相迎，并询问老人名号。老人答道："我乃太乙之精，闻知卯金氏之子好学，特来视察。现赠你《洪范五行》之文。"老人说完，从怀中取出一卷简牍，传授给刘向。此后，刘向刻苦研习，果然成为著名学者宗师。刘氏后人为了纪念这一燃藜夜读的神奇传说，就以"藜照堂"作为堂号，鼓励后辈勤学苦读。

第十二节

匡衡凿壁偷光

【作者简介】

匡衡，字稚圭，东海承人。西汉经学家，以说《诗》著称。元帝时位至丞相，封乐安侯，辅佐皇帝，总理全国政务。

【典故呈现】

匡衡，自幼勤奋好学，但家中贫穷没有蜡烛用来照明。邻居家有灯烛，匡衡就把墙壁凿了一个洞引来邻居家的光亮，让光亮照在书上来读。他的一个同乡家中藏书丰富。匡衡就不要报酬去同乡家做雇工，希望能够通读主人的藏书。主人听了，深为感叹，就把书借给他读。匡衡最终学有所成。匡衡曾拜当时的博士学习《诗经》，由于勤奋学习，他对《诗》的理解十分独特透彻，当时儒学之士曾传有“无说《诗》，匡鼎来。匡说《诗》，解人颐”，是说听匡衡解说《诗经》，能使人眉头舒展，心情舒畅，可见匡衡对《诗经》钻研之精。人们用“凿壁偷光”来形容勤奋苦读。

第十三节
悬梁刺股

【作者简介】

孙敬，字文宝，东汉著名政治家、纵横家。苏秦，字季子，战国时期著名的纵横家、外交家和谋略家。“悬梁刺股”是对他们的故事进行融合而成的成语。

【典故呈现】

晋时，孙敬非常勤奋好学，从早读书到晚，很少休息。有时学到三更半夜累了便会打盹瞌睡，为了不因此而影响学习，孙敬找来一根绳子，一头绑在自己的头发上，另一头绑在房子的房梁上，这样读书疲劳打瞌睡时只要头一低，绳子牵住头发扯痛头皮，他就会因疼痛而清醒，起来再继续读书。后来，他终于成为赫赫有名的政治家。战国时期的苏秦年轻时学问并不多，游说了好多地方都没有人关注他，有雄心壮志却得不到重用。于是他下决心要发愤图强努力读书，增加自己的知识储备。由于他经常读书读到深夜，疲倦时便容易打盹。为了能有更多的读书时间，感觉到困了，他就用事先准备好的锥子往大腿上刺一下，用突然的痛感使自己猛然清醒，振作精神起来继续读书。后来他学有所成，成为战国时期著名的外交家。人们由这两个故事引申出“悬梁刺股”这个成语，来说明勤奋读书将会走向成功的道理。虽然刻苦学习是值得提倡的，但是我们也要认识到健康的重要性，读书也是需要适可而止的。

第十四节
李密牛角挂书

【作者简介】

李密(224年-287年)，字令伯，一名虔，犍为武阳(今四川彭山)人。幼年丧父，母何氏改嫁，由祖母抚养成人。后李密以对祖母孝敬甚笃而名扬于乡里。师事当时著名学者谯周，博览五经，尤精《春秋左传》。初仕蜀汉为尚书郎。蜀汉亡，晋武帝召为太子洗马，李密以祖母年老多病、无人供养而力辞。祖母去世后，方出任太子洗马，迁汉中太守。

【典故呈现】

李密是北周和隋朝贵族的后代。他年少的时候，被派在隋炀帝的宫廷里当侍卫。他生性灵活，在值班的时候，左顾右盼，被隋炀帝发现后，免了他的差使。李密回家以后，发愤读书，决定做个有学问的人。有一次，李密骑着一头牛，出门看望朋友。李密在牛角上挂一卷《汉书》，边走边看。越国公杨素正巧在路上看见，慢慢地跟在他后面，问道："哪来的书生这般勤奋？"李密认识杨素，忙从牛背上下来参拜。杨素问他读的是什么，他回答说："《项羽传》。"杨素和他交谈，很钦佩他的学识。回家后对儿子杨玄感说："我看李密的见识风度，不是你们能比的。" 杨玄感因此就倾心结交李密。隋炀帝九年，杨玄感在黎阳起兵，派人入函谷关迎接李密。李密"牛角挂书"勤读被传为佳话。

第十五节
囊萤映雪

【作者简介】

孙康，太原中都人，晋长沙太守放孙，元嘉中为起部郎，迁征南长史，有集十卷。官至御史大夫。车胤（约333年—约401年），字武子，东晋南平郡人。历任中书侍郎、侍中、国子监博学、骠骑长史、太常、护军将军、丹阳尹、吏部尚书。"囊萤映雪"是关于他们二人勤读而来的典故。

【典故呈现】

晋时，孙康幼时酷爱学习，常夜以继日地读书。他家中贫穷，没钱购买灯油。一到天黑，便没有办法读书。一天半夜，孙康从梦中醒来，把头侧向窗户时，发现从窗外透进几丝白光。开门一看，原来下了一场大雪。他突然灵机一动，他急忙跑回屋里，拿出书来映着雪光读书。孙康不顾寒冷，孜孜不倦地看起书来，整个冬天，他夜以继日地读书，不怕寒冷，不知疲倦。功夫不负有心人，他砥砺求进，学有所成，成为一位有名望的学者。

晋时，车胤幼时便好学不倦，但因家境贫困，没有多余的钱买灯油供他晚上读书。一个夏天的晚上，他正在院子里背一篇文章，忽然看见许多萤火虫在空中飞舞。他突发奇想，如果把许多萤火虫的光芒集在一起，不就成为一盏灯了吗？于是，他随即抓了几十只萤火虫放在一只白绢口袋中，扎紧袋口吊起来。虽然萤光并不明亮，但勉强可以用来看书了。车胤勤学苦练，学识与日俱增。

孙康“映雪”苦学的故事和车胤“囊萤”勤读的故事被后人合称为“囊萤映雪”，用来赞美在艰苦的条件下依然勤奋好学的精神。

第十六节
杨大眼耳读

【作者简介】

杨大眼是南北朝时期北魏孝文帝、宣武帝时名将。跟从孝文帝征战，军功显赫，被封为直阁将军，加辅国将军、游击将军等。

【典故呈现】

杨大眼少年时有胆识力气，然而，因他为偏房所生，不被其宗族亲人所注目重视，经常有饥寒交迫之苦。杨大眼擅长奔跑，勇猛善战，眼睛比较大，因为眼睛大，而被称为“大眼”，敌人都非常怕他，南朝人传说其“眼如车轮”。杨大眼跟从孝文帝征战，军功显赫，被封为直阁将军，加辅国将军、游击将军等。《北史》卷三十七中记载了有关他读书的事迹：“大眼虽不学，恒遣人读书面坐听之，悉皆记识。令作露布，皆口授之，而竟不多识字也。”说杨大眼虽然不学习，但是经常派遣别人给自己读书，自己坐在对面听着，讲别人读的内容都记在自己心中。他命令写的露布（一种写有文字并用以通报四方的帛制旗子，多用来传递军事捷报）都是自己口授属下写成的，然而他本人却并不大识字。

第十七节
萧纲一目十行

【作者简介】

梁简文帝萧纲（503年—551年），字世缵，南兰陵（今江苏武进）人，梁武帝萧衍第三子，昭明太子萧统同母弟，母贵嫔丁令光，南北朝时期梁朝皇帝、文学家。

【典故呈现】

南朝梁武帝萧衍的三儿子萧纲聪明过人，六岁时就能写文章，而且语句流畅，辞采华美。父亲称赞他说："我这个儿子快要赶上七步成诗的曹植了!"萧纲非常喜欢读书，而且看书速度极快，一眼可以看完十行文字。他遍读了各种各样的书籍，学识渊博。尤其喜欢诗辞歌赋，下笔就能写出一篇，而且写得非常精彩。他十几岁就能独立处理事务，办事很干练。后来萧纲继承了父亲的王位，做了梁简文帝。《南史·梁简文帝纪》记其有文集100卷，其他著作600余卷。存世的作品，经明代张溥辑为《梁简文集》。"一目十行"被后人用来形容看书的速度非常快。

第十八节 韩愈焚膏继晷

【作者简介】

韩愈（768年—824年），字退之，世称韩昌黎，男，河阳（今河南省孟州市）人，祖籍河北昌黎，韩愈是唐代杰出的文学家、思想家，古文运动的领袖，在中国散文发展史上地位崇高。

【典故呈现】

膏，油脂，指灯烛。晷，日影、日光。“焚膏继晷”指燃烧灯烛读书写作一直到第二天日光出现。“焚膏继晷”出自韩愈的《进学解》一文，文中借学生之口来评价国子先生（即韩愈）虽精通六艺，每天还是手不释卷，“焚膏油以继晷，恒兀兀以穷年”连夜晚都点灯读书直至白天，年复一年地钻研学问。但是因为思想与当政者相抵，不被重用。韩愈以此文藉老师与学生之口，不仅讥讽为政者不能善用人才，而且抒发了自己怀才不遇的失落。“焚膏继晷”这句成语就是从这里演变而出，形容夜以继日地勤读不怠。

第十九节
宋太宗开卷有益

【作者简介】

宋太宗赵光义（939年—997年），宋朝的第二位皇帝。本名赵匡义，后因避其兄太祖讳改名赵光义，即位后改名炅。开宝九年（976年），宋太祖驾崩后，赵光义登基为帝。

【典故呈现】

宋太祖赵匡胤建立宋朝时，各地还存在着一些割据政权。直到他的弟弟赵光义当皇帝后才完成统一全国的任务。宋太宗赵光义命文臣李昉等人编写一部规模宏大的分类百科全书——《太平总类》。这部书收集摘录了一千六百多种古籍的重要内容，分类归成五十五门，全书共一千卷，是一部很有价值的参考书。对于这么一部巨著，宋太宗规定自己每天至少要看两三卷，一年内全部看完，遂更名为《太平御览》。当宋太宗下定决心花精力翻阅这部巨著时，曾有人觉得皇帝每天要处理那么多国家大事，还要去读这么部大书，太辛苦了，就去劝告他少看些，也不一定每天都得看，以免过度劳神。可是，宋太宗却回答说："打开书阅读便会有益处，我并不觉得劳神。"他仍然坚持每天阅读三卷，当时的大臣们见皇帝如此勤奋读书，也纷纷效仿。此后"开卷有益"便被用来勉励人们勤奋读书。

第二十节
寇准读书

【作者简介】

寇准(961年—1023年)，字平仲，北宋著名的政治家、诗人。出身于名门望族，历同知枢密院事、参知政事。后两度入相，一任枢密使，出为使相。张咏是北宋太宗、真宗两朝的名臣，尤以治蜀著称。寇准与张咏友善。

【典故呈现】

起初，张咏在成都做官，听说寇准做了宰相，就对自己的同僚下属说："寇准是少见的人才，可惜他知识学问不够啊。"等到寇准出使到陕西的时候，恰好张咏从成都被罢官回来，寇准隆重设宴，准备酒食款待张咏。张咏将要离开的时候，寇准把他一直送到郊外，寇准问他：“您有什么话要教导我吗？”张咏慢慢地说：“《霍光传》不能不去看啊。”寇准没有领会到他的意思，回去以后拿出《霍光传》来看，看到里面有“不学无术”这句话的时候，才明白过来。笑着说：“这是张先生在说我啊。”

第二十一节
苏舜钦《汉书》下酒

【作者简介】

苏舜钦（1008年—1048年），北宋词人，字子美，祖籍梓州铜山（今四川中江），曾祖时迁至开封（今属河南）。曾任县令、大理评事、集贤殿校理，监进奏院等职位。

【典故呈现】

宋代诗人苏舜钦非常喜欢酒，他寄居在岳父杜衍家，夜晚读书时需饮酒一斗，但不要任何下酒菜肴。杜衍感到非常奇怪，便遣人暗中伺察。当晚苏舜钦读《汉书》，读到张良击秦始皇误中副车时，拍案叹惜道；“惜哉，此击之不中也！”说完，满饮一大杯酒。继读读至张良投奔刘邦时，“此天以臣授陛下”一节时，舜钦又拍案叹道；“噫，君臣相遇，何其难也！” 说完，又满饮一大杯。杜衍听说后大笑道：“有这样的下酒菜，一斗酒并不算多！”后人因此用“《汉书》下酒”来形容文人对读书的倾心与痴迷。

第二十二节
李清照典衣治学

【作者简介】

李清照（1084年—1155年），号易安居士，齐州济南（今山东省济南市章丘区）人。宋代女词人，婉约词派代表，有“千古第一才女”之称。

【典故呈现】

李清照出身于书香门第，早期生活优裕，她的父亲李格非藏书非常多，她小时候就喜爱读书，积累下了深厚的文学基础。后来她嫁给与她志趣相投的名门之后赵明诚，二人琴瑟相和，共同致力于书画金石的搜集整理。李清照夫妇二人勤俭度日，常常典当衣物，“取丰千钱”，去买一些碑文古迹，回家研习。她给自己立了以下规矩：不吃第二道荤菜，不穿第二件绸衣，更不置办贵重饰物。有时她在街上碰见珍贵的史料，宁肯脱掉身上的衣服典当，也要买回去钻研。李清照“典衣治学”的典故是人们对她治学成痴精神的称颂。

第二十三节
高凤流麦

【作者简介】

高凤，字文通，别号雪塘，顺天府霸州临津里人，官至锦衣卫指挥佥事。卒于万历十五年(1587)，葬于二里沟祖茔侧。

【典故呈现】

高凤，明朝人，在他青年还是书生时，家中以种田为生，他的妻子常常在田里工作。但他却精通读书，白天黑夜都不停地勤奋苦读。有一天他的妻子把麦子晒在庭院里，叫高凤看着麦子，以免让鸡吃了麦子。那天突然下起了暴雨，高凤拿着赶鸡的竹竿读经书，竟然没有意识到雨水已经冲走了麦子。他的妻子回家后生气地责问他，他才发现。高凤由于认真专注笃学，终成为一名闻名天下的学者，在西唐山（现河南平顶山叶县常村乡西唐山）讲学。叶县常村乡的漂麦河得名缘于此。即使在年老后，高凤每天也仍是不知疲倦地读书。人们用“高凤流麦”来赞扬读书学习专心致志的认真态度。

第二十四节
曾国藩一日三事

【作者简介】

曾国藩（1811年—1872年），初名子城，字伯涵，号涤生，宗圣曾子七十世孙。中国近代政治家、战略家、理学家、文学家，湘军的创立者和统帅。与胡林翼并称“曾胡”，与李鸿章、左宗棠、张之洞并称“晚清中兴四大名臣”。官至两江总督、直隶总督、武英殿大学士，封一等毅勇侯，谥号文正，后世称曾文正。

【典故呈现】

曾国藩出身于官宦世家，自幼勤奋好学。小时候的曾国藩，并非天资聪颖。曾有一个传言称曾国藩夜里背书，有一个小偷跑到他家偷东西，结果发现曾国藩一篇课文背了一晚上，还是结结巴巴背不出来。小偷生气地从梁上跳下来，非常流利地把书背了一遍，扬长而去。虽然天资不足，曾国藩却肯下功夫苦学，他有着极强的韧劲。曾国藩在给弟弟的信里面曾经写道：“每日楷书写日记，每日读史十页，每日记《茶余偶谈》一则，此三事未尝一日间断。”这些只是曾国藩修身、为学、做人的态度的一个缩影。在这样每天做好三件事的过程中，他积累学识、磨砺心性，使自己学有所成，不断变得更加学识渊博。

第二十五节
张曜拜妻为师

【作者简介】

张曜（1832年—1891年），字朗斋，号亮臣，祖籍浙江上虞（今绍兴）。河南固始兴办团练，因军功累次擢升。历任河南布政使，山东巡抚，获一等轻车都尉兼云骑尉世职，加太子少保衔。光绪十七年，治理黄河，卒于任上，追赠太子太保，谥勤果，入祀贤良祠。

【典故呈现】

张曜自幼对读书不感兴趣，不愿意读书识字。成人后因苦战有功，被提拔为河南布政使。但常因没有文化受到朝臣歧视，被人嘲笑“目不识丁”。张曜自此立志要好好读书，使自己文武双全。张曜想到了自己的妻子熟读四书五经，知书达礼。回到家便要求妻子教他念书。妻子要求张曜行拜师之礼，恭恭敬敬地学。张曜便马上穿起朝服，让妻子坐在孔子牌位前，对她行三拜九叩之礼。从此以后，凡公余时间，张曜都让妻子教他读经史。每当妻子教学时，他就躬身肃立听训，不敢稍有不敬。与此同时，他还刻了一方“目不识丁”的印章，经常佩带以自警。几年之后，张曜成为一个很有学问的人，还留下了一部《河声岳色集》，连左宗棠也赞美他“文理斐然”。

第二十六节
施洋搓脚夜读

【作者简介】

施洋（1889年—1923年），原名吉超，号万里，字伯高。竹山县麻家渡镇双桂村人。1923年2月4日，京汉铁路工人举行总罢工，施洋是罢工的领导者之一。

【典故呈现】

二•七大罢工著名的工人领袖施洋，幼年家境贫寒，买不起灯油。村里有一座叫隆兴观的古庙，常年点有一盏长明灯，他就经常跑去古庙里读书。冬季寒冷，他的脚冻得非常难受。起初他不时地站起来跺脚，后来觉得这样太浪费时间，便削了一根圆滑的木棍，放在脚底下，一边读书一边来回用脚搓木棍，搓暖了脚，他又能安心读书了。施洋的刻苦使得他学有所成。1914年施洋考入湖北警察学校，期满毕业。次年，又考入湖北私立法政专门学校本科学习法律。1920年秋，施洋在武汉参加了中国共产党早期组织成立的马克思学说研究会，阅读了《共产党宣言》等马列著作。1921年底赴长沙向毛泽东学习，与毛泽东和正在长沙请湘军援鄂的辛亥革命元老孔庚三人结拜为兄弟。1922年6月，施洋加入中国共产党。同年7月底，施洋领导汉阳铁厂取得了罢工胜利后，参与组建武汉工团联合会，并被聘请为该会法律顾问。

附：

经典作品书目推荐

1. 高亨：《诗经今注》，上海古籍出版社2009年第2版。

2. 杨伯峻：《论语译注》，中华书局2009年第3版。

3. 陈鼓应：《老子注释及评介》，中华书局2009年第2版。

4. 杨伯峻：《孟子译注》，中华书局2010年第3版。

5. 陈鼓应：《庄子今注今译》，中华书局2009年第2版。

6. 杨伯峻：《春秋左传注》，中华书局1981年版。

7. 胡果文：《国语译注》，上海古籍出版社1994年版。

8. 何建章：《战国策注释》，中华书局1990年版。

9. 马茂元：《楚辞选》，人民文学出版社1998年版。

10.【汉】司马迁：《史记》，中华书局2013年版。

11.【宋】郭茂倩：《乐府诗集》，人民文学出版社2010年版。

12.【南朝梁】萧统：《文选》，上海古籍出版社2007年版。

13. 刘义庆：《世说新语》，中华书局2007年版。

14. 范文澜：《文心雕龙注》，人民文学出版社2006年版。

15. 余冠英：《汉魏六朝诗选》，人民文学出版社1978年版。

16. 陳婉俊：《唐诗三百首》，中华书局2004年版。

17. 钱钟书：《宋诗选注》，人民文学出版社1958年版。

18. 鲁迅：《唐宋传奇集》，北方文艺出版社2006年版。

19.【宋】司馬光：《资治通鉴》，中华书局1956年版。

20. 顾肇仓：《元人杂剧选》，人民文学出版社1956年版。

21.【元】王实甫：《西厢记》，人民文学出版社1998年版。

22.【明】罗贯中：《三国演义》，人民文学出版社1953年第3版。

23.【明】施耐庵：《水浒传》，人民文学出版社1997年版。

24.【明】吴承恩：《西游记》，人民文学出版社2009年版。

25.【明】汤显祖：《牡丹亭》，上海古籍出版社2016年版。

26.【明】许仲琳：《封神演义》，上海古籍出版社2011年版。

27.【明】冯梦龙：《东周列国志》，中华书局2009年版。

28.【明】冯梦龙：《喻世明言》《警世通言》《醒世恒言》，高等教育出版社2011年版。

29.【明】凌濛初：《初刻拍案惊奇》《二刻拍案惊奇》，岳麓书社1988年版。

30.【清】沈复：《浮生六记》，人民文学出版社1999年版。

31.【清】蒲松龄：《聊斋志异》，中华书局2015年版。

32.【清】吴敬梓：《儒林外史》，人民文学出版社1958年版。

33.【清】曹雪芹：《红楼梦》，人民文学出版社2008年第3版。

34.【清】吴楚材：《古文观止》，中华书局1987年版。

35.【清】李伯元：《官场现形记》，中华书局2013年版。

36. 王国维：《人间词话》，上海古籍出版社2008年版。

37. 鲁迅：《呐喊》，人民文学出版社1973年版。

38. 鲁迅：《彷徨》，人民文学出版社1973年版。

39. 巴金：《家》，人民文学出版社2013年版。

40. 老舍：《骆驼祥子》，人民文学出版社2012年版。

41. 沈从文：《边城》，商务印书馆2016年版。

42. 钱钟书：《围城》，人民文学出版社1991年第2版。

43. 余华：《活着》，南海出版公司1998年版。

44. 路遥：《平凡的世界》，人民文学出版社2005年版。

45. 陈忠实：《白鹿原》，人民文学出版社2005年版。

46. 霍达：《穆斯林的葬礼》，北京十月文艺出版社2015年版。

47. 莫言：《蛙》，人民文学出版社2015年版。

48. 贾平凹：《秦腔》，人民文学出版社2008年版。

49. 阿来：《尘埃落定》，人民文学出版社2013年版。

50. 徐贵祥：《历史的天空》，人民文学出版社2000年版。